Instagram-Star
Jusebeauty
Gesundes aus
Judith Sendls
Küche
Chronisch gesund!
Meine Rezepte zur anti-entzündlichen Ernährung

Wichtige Hinweise

Die Informationen in diesem Buch sind kein Ersatz für eine persönliche medizinische Beratung. Wenn Sie Beschwerden haben, konsultieren Sie einen Arzt. Verlag, Herausgeber und Autorin übernehmen für nachteilige Folgen, die im direkten oder indirekten Zusammenhang mit den vorliegenden Buchinhalten stehen, weder eine juristische Verantwortung noch irgendeine Haftung.

Bezeichnungen und Markennamen der jeweiligen Firmen, die in diesem Buch erwähnt werden, können auch ohne besondere Kennzeichnung warenzeichen-, marken- oder patentrechtlichem Schutz unterliegen.

Videos, auf die wir in diesem Buch verweisen, werden auf YouTube (https://youtube.com) oder Instagram (https://www.instagram.com) gehostet.

Verlag: BILDNER Verlag GmbH
Bahnhofstraße 8
94032 Passau
https://bildnerverlag.de/
info@bildner-verlag.de

ISBN: 978-3-8328-0649-1

Autorin: Judith Sendl
Herausgeber: Christian Bildner
Coverbild und Rezeptbilder: Judith Sendl

Druck: FINIDR s.r.o., Lípová 1965, 73701 Český Těšín, Tschechische Republik

MIX
Papier aus verantwortungsvollen Quellen
FSC® C014138
FSC
www.fsc.org

Das FSC®-Label auf einem Holz- oder Papierprodukt ist ein eindeutiger Indikator dafür, dass das Produkt aus verantwortungsvoller Waldwirtschaft stammt. Und auf seinem Weg zum Konsumenten über die gesamte Verarbeitungs- und Handelskette nicht mit nicht-zertifiziertem, also nicht kontrolliertem, Holz oder Papier vermischt wurde. Produkte mit FSC®-Label sichern die Nutzung der Wälder gemäß den sozialen, ökonomischen und ökologischen Bedürfnissen heutiger und zukünftiger Generationen.

Inhaltsverzeichnis

Hallo, ich bin Judith!

Schön, dass du zu meinem Kochbuch gefunden hast und mir dein Vertrauen schenkst! Ich freue mich sehr, denn anscheinend interessierst du dich für deine Gesundheit, möchtest sie verbessern oder langfristig gesundheitsbewusst leben.

In diesem Kochbuch findest du nicht nur wertvolle Tipps und Rezepte, sondern ich möchte dir auch von meinem Weg aus einer (scheinbar) unheilbaren Krankheit zu einem symptomfreien Leben erzählen. Dieser Teil meiner Geschichte hat mich viel Leid und Schmerzen gekostet, aber seither gleichzeitig mein Leben in jeglicher Hinsicht bereichert!

„Reichtum ist viel,
Zufriedenheit ist mehr,
Gesundheit ist alles!“

Asiatisches Sprichwort

Wie alles begann…

Alles begann, als ich im August 2019 mit meiner Familie im Urlaub war und Unterleibsschmerzen bekam. Wir waren gerade mitten in der Familienplanung. Wir wünschten uns ein zweites Kind, doch der Wunsch sollte uns nicht erfüllt werden.

Da ich seit meinem 16. Lebensjahr mit ständig wiederkehrenden Blasenentzündungen zu kämpfen hatte, war ich davon überzeugt, dass dies auch dieses Mal die Ursache sei – auch wenn ich innerlich spürte, dass etwas anders war …

Das Antibiotikum, das ich immer auf Vorrat dabeihatte, half nicht und als die Schmerzen unerträglich wurden, brachen wir den Urlaub ab und fuhren sofort ins Krankenhaus. Nach unzähligen intravenösen Antibiotikagaben, stationären Krankenhausaufenthalten und vielen weiteren quälenden Untersuchungen wurde die Diagnose „**interstitielle Zystitis**" gestellt. Dabei handelt es sich um eine nicht-infektiöse Entzündung der Blase.

Bis heute gibt es nach schulmedizinischer Sicht **keine Heilung** und auch **keine wesentliche Linderung der Schmerzen**. Ich war bei fünf verschiedenen Urologen und jeder versuchte, mich so schnell es ging wieder aus der Praxis zu verabschieden. Einige behaupteten sogar, es sei alles psychosomatisch bedingt.

Ich verließ das Haus nur noch selten und war oft nicht in der Lage, den Haushalt zu erledigen oder mich angemessen um meine Tochter zu kümmern. Zum Glück standen mir mein Mann und meine Familie stets zur Seite und halfen, wo es nur ging.

„Für mich gibt es keine unheilbare Krankheit!"

Die Schulmedizin hatte in meinem Fall ihre Grenzen erreicht, ich meine noch nicht. Ich war fest entschlossen, mich nicht mit den Schmerzen abzufinden. Ich wollte der Sache auf den Grund gehen und Heilung für mich finden.

Also startete ich viele Versuche und testete Akupunktur, verschiedene Heilpraktiker, Nahrungsergänzungsmittel und flog sogar nach London zu Spezialisten. Alle diese Wege führten mich letztlich im April 2021 zu meiner **TCM-Ärztin** (Traditionelle Chinesische Medizin), die genau das Gleiche durchmachte wie ich.

Sie gab mir Anleitung und versprach, dass ich innerhalb der nächsten zwölf Monate wieder meine **Gesundheit zurückerobern** könnte. Ihre „Geheimwaffe" war die anti-entzündliche Ernährung: kein Zucker, kein Weizen, kein Schweinefleisch und keine Milchprodukte.

„Richte deinen Fokus auf die Lösung und nicht auf das Problem!"

Ich recherchierte nicht nur zu Ernährungsthemen, sondern auch dazu, wie ich positiver und glücklicher werde. Ich verabredete mich mit Freunden, lachte, ging aus und versuchte, so gut es ging, mich trotz der Schmerzen auf das Positive zu fokussieren.

Bis ich eine dauerhafte Besserung spürte, dauerte es genau zwölf Monate, so wie meine TCM-Ärztin es vorausgesagt hatte.

An manchen Tagen meldet sich meine Blase, wenn ich zu viele Tomaten esse oder zu viel Stress habe. Aber das ist ok und wir sind mittlerweile ein super Team geworden!

„Im Austausch für ein schmerzfreies Leben auf Zucker, Weizen, Schweinefleisch und Milchprodukte verzichten? - auf jeden Fall."

Warum anti-entzündlich ernähren?

Zivilisationskrankheiten sind seit den 80er-Jahren auf dem Vormarsch. Ich bin gelernte Arzthelferin und sehe sehr viele Menschen mit chronischen Krankheiten, Autoimmunerkrankungen, Magen-Darm-Beschwerden und vieles mehr. Diese sind auf entzündliche Prozesse im Körper zurückzuführen und nun stellt sich die Frage, was hat das mit der Ernährung zu tun?

Schweinefleisch wie auch **Milchprodukte** enthalten viel Arachidonsäure - eine entzündungsfördernde Substanz. Tierische, verarbeitete Produkte haben einen hohen Gehalt an Omega-6-Fettsäuren, die den Körper bei zu hohem Konsum übersäuern. Und in einem sauren Milieu fühlen sich Bakterien besonders wohl.

Milch und **Milchprodukte** stehen unter anderem im dringenden Verdacht, einen negativen Einfluss auf die Sebumproduktion (Talgproduktion) zu haben und somit Akne zu fördern. Sie sind schleimbildend und für viele Menschen schlecht verdaulich, was eine Abwehrreaktion des Körpers herbeiführen kann.

Aber auch **Weizenmehl**, stark verarbeitete Lebensmittel und natürlich Zucker können sich schlecht auf den Stoffwechsel und den Säure-Basen-Haushalt auswirken. Weizen enthält pflanzliche Eiweiße namens Amylase-Trypsin-Inhibitoren (ATI) und es gibt Hinweise, dass diese die Darmschleimhaut reizen. Dinkel hat andere Glutenproteine, die oft besser vertragen werden. Darüber hinaus enthält Dinkel weniger FODMAPS, was eine bessere Verträglichkeit erklären könnte. Auch haben sich Dinkelsorten weniger verändert als moderne Weizensorten.

Zucker hat viele Namen. Dazu habe ich eine Liste angefügt (siehe Seite 12), damit du einen genauen Überblick hast. Zucker hat ein großes Suchtpotenzial! Adipositas (Übergewicht), chronische Krankheiten wie Bluthochdruck, Herz-Kreislauf-Erkrankungen, Diabetes und erhöhte Triglyzeride (Blutfettwerte) sowie viele andere Entzündungsreaktionen sind mögliche Folgen.

Mit diesem kurzen und groben Überblick wollte ich dir zeigen, warum ich genau diese Lebensmittel meide. Du kannst viele Studien darüber lesen, aber ich verlasse mich gerne auf das, was ich sehe bzw. spüre. Mein Körper hat mir in den letzten Jahren deutlich gezeigt, wie dankbar er mir ist, ihm die genannten Lebensmittel so gut wie nicht mehr zuzumuten, und hat meine Krankheit für immer verschwinden lassen. Da Glutenunverträglichkeiten leider immer präsenter werden, habe ich immer Alternativen zu Dinkel in meinen Rezepten aufgeführt und viele davon glutenfrei gehalten. Solltest du an einer Unverträglichkeit leiden, wie mein Mann, hast du ganz großartige andere Tipps von mir an der Hand, damit du meine Gerichte nachkochen kannst. Horche in deinen Körper hinein, denn ganz oft spielen Allergien und Unverträglichkeiten auf Nahrungsmittel eine sehr große Rolle!

Dein Darm – das Fundament für Gesundheit & Wohlbefinden

Zuallererst möchte ich dir etwas über den Darm erzählen und was die anti-entzündliche Ernährung damit zu tun hat. Viele, die an ihren Darm denken, haben zuerst die Verdauung im Kopf, doch er ist nicht nur für die Verarbeitung von Nahrungsmitteln verantwortlich, sondern spielt auch eine entscheidende Rolle für das Immunsystem. Tatsächlich befinden sich etwa 70 % – 80 % aller Immunzellen des Körpers darin, was seine Bedeutung für die gesamte Gesundheit des Organismus unterstreicht.

Eine ausgewogene Darmflora stimuliert das Immunsystem. Durch die Interaktion mit Mikroben lernt es, zwischen freundlichen und schädlichen Organismen zu unterscheiden. Einige Darmbakterien produzieren kurzkettige Fettsäuren, die entzündungshemmende Eigenschaften haben. Nützliche Bakterien können verhindern, dass sich schädliche Bakterien im Darm ansiedeln. Man kann sich deshalb gut vorstellen, dass ein Ungleichgewicht im Darm eine enorm negative Auswirkung auf das Immunsystem und auf die Psyche hat.

Der Darm beherbergt eine riesige Gemeinschaft von Mikroorganismen, das sogenannte Mikrobiom. Veränderungen in der Zusammensetzung dieses Mikrobioms können das Risiko für psychische Erkrankungen wie Depressionen und Angstzustände beeinflussen.

Ein Ungleichgewicht können unter anderem zu viel Zucker, Weizen, der übermäßige Verzehr von verarbeiteten Lebensmitteln, eine einseitige Ernährung sowie zu viel Fleisch und Milchprodukte auslösen. Aber auch unerkannte Unverträglichkeiten und Intoleranzen belasten unseren Darm maßgeblich.

Wie du deinen Darm optimal unterstützen kannst und deine Gesundheit förderst, möchte ich dir auf den folgenden Seiten näherbringen.

Öle & Fette

Ein signifikanter Punkt in der anti-entzündlichen Ernährung sind die richtigen Öle und Fette: Omega-3, Omega-6 und Omega-9 sind essenzielle Fettsäuren, die für die Gesundheit des Menschen von großer Bedeutung sind. Sie sind für eine Vielzahl von Körperfunktionen zuständig und für die Gesundheit, wie auch zur Vorbeugung von Krankheiten, enorm wichtig.

Omega-3-Fettsäuren sind bekannt für ihre entzündungshemmenden Eigenschaften und ihre positive Wirkung auf Herz und Gehirn. Sie kommen z. B. in Algenöl, Fischöl, Leinsamen, Chiasamen und Walnüssen vor. Bekannte Typen sind Eicosapentaensäure (EPA), Docosahexaensäure (DHA) und Alpha-Linolensäure (ALA).

Omega-6-Fettsäuren sind ebenfalls wichtig, aber ein unausgewogenes Verhältnis von Omega-6 zu Omega-3 kann entzündliche Prozesse fördern. Diese Fettsäuren sind z. B. in Pflanzenölen wie Sonnenblumen-, Mais- und Sojaöl enthalten, aber eben auch in tierischen Fetten (vor allem Schweinefleisch). Bekannte Typen sind Linolsäure (LA) und Arachidonsäure (AA).

Omega-9-Fettsäuren kann der Körper selbst herstellen. Sie sind dennoch förderlich für die Herzgesundheit und können in Olivenöl, Avocadoöl und Nüssen gefunden werden. Omega-9 kann helfen, den Cholesterinspiegel zu reduzieren und Entzündungen zu lindern.

Die richtige Balance zwischen diesen Fettsäuren ist wichtig für eine optimale Gesundheit. Eine ausgewogene Ernährung mit angemessenen Mengen an Omega-3-, Omega-6- und Omega-9-Fettsäuren kann helfen, Entzündungen zu reduzieren und das allgemeine Wohlbefinden zu fördern.

Welche Öle sollte man nun zum Kochen und Braten verwenden?

Wenn man Öle für eine anti-entzündliche Ernährung zum Kochen und Braten auswählt, sollte man nicht nur den Gehalt an Omega-3-Fettsäuren berücksichtigen, sondern auch den Rauchpunkt des Öls. Der Rauchpunkt ist, wie der Name schon sagt, die Temperatur, bei der ein Öl zu rauchen beginnt und dabei unerwünschte Verbindungen freisetzt. Für das Kochen und Braten bei hohen Temperaturen sind Öle mit einem hohen Rauchpunkt zu bevorzugen. Dies sind einige der Besten für das Kochen und Braten:

- **Avocadoöl** hat einen hohen Rauchpunkt (ca. 270°C), ist reich an herzgesunden einfach ungesättigten Fettsäuren und enthält einige wertvolle Vitamine.

- **Olivenöl** hat trotz einiger Kontroversen tatsächlich einen relativ hohen Rauchpunkt (ca. 190°C - 210°C) und ist reich an entzündungshemmenden Polyphenolen und Antioxidantien.

- **Kokosöl** hat mittlere Fettketten, die eine Vielzahl an gesundheitlichen Vorteilen bieten können, einschließlich entzündungshemmender Eigenschaften. Der Rauchpunkt von Kokosöl liegt bei ca. 175°C.

Die Verwendung von Ölen sollte immer in Maßen erfolgen, da sie kalorienreich sind. Es ist auch wichtig, eine Vielfalt von Ölen zu verwenden, um die Vorteile verschiedener Fettsäuren und Nährstoffe zu nutzen.

Reduziere deinen Fleischkonsum

Die Rufe, den Fleischkonsum zu reduzieren, werden heutzutage immer lauter. Von der Umweltbelastung ganz zu schweigen, möchte ich im Folgenden mehr auf die körperlichen Nachteile des Fleischessens eingehen.

Gerade Wurstwaren, Speck und andere verarbeitete Fleischprodukte enthalten meist ungesunde Konservierungsstoffe, unter anderem Nitrate und Nitrite. Diese fördern vermutlich Diabetes und Herzkrankheiten.

In der Massentierhaltung werden Tieren oft Hormone und Antibiotika verabreicht, die im Fleisch zurückbleiben können und potenzielle gesundheitliche Auswirkungen haben. Ich achte daher auf strenge Bioqualität.

Vor allem Schweinefleisch enthält hohe Mengen an gesättigten Fettsäuren und Cholesterin, denn es lagert das Fett auch in den Zellen ein. Es wird vermutet, dass durch den übermäßigen Verzehr von Schweinefleisch das Risiko für Herz-Kreislauf-Erkrankungen steigt.

Ich habe meinen Fleischkonsum auf einmal in der Woche beschränkt, esse aber dann auch meist kein Schweinefleisch, sondern weiche auf andere Sorten aus. Verarbeitete Produkte habe ich weitestgehend von meinem Speiseplan gestrichen.

Welche Pflanzenmilch?

Pflanzenmilch ist in den letzten Jahren immer beliebter geworden, insbesondere bei Menschen, die auf eine anti-entzündliche Ernährung achten. Doch warum ist Pflanzenmilch oft die bessere Wahl?

Immer mehr Menschen reagieren mit verschiedenen Krankheitsbildern auf Milchprodukte, dies kann aus unterschiedlichen Gründen der Fall sein. Angefangen von der bekannten Laktoseintoleranz, der Unverträglichkeit der Molkenproteine, bis hin zu Hormon- und Antibiotikarückständen, die enthalten sein können, je nach Haltungsform der Tiere. Kuhmilch enthält außerdem viele gesättigte Fettsäuren und ist schleimbildend.

Doch auch bei Pflanzenmilch gibt es Unterschiede: Während meist in der Zutatenliste kein Zucker aufgeführt ist, kann es passieren, dass in der Nährwerttabelle eine hohe Zahl auftaucht; dies ist z. B. bei Hafermilch der Fall. Kurz gesagt, es wird ein Teil der im Hafer enthaltenen Stärke beim Fermentierungsprozess in Zucker umgewandelt. Deshalb ist es ratsam, die Nährwertangaben genau zu lesen. Auch Stabilisatoren und andere Zusätze, die oft enthalten sind, sollten vermieden werden.

Ich verwende **Mandelmilch**, **Kokosmilch** (oft als Kokosdrink bezeichnet) und **Cashewmilch**. Es ist auch hier ratsam, die Etiketten sorgfältig zu lesen und verschiedene Arten auszuprobieren, um die für die individuellen Bedürfnisse am besten geeignete zu finden.

Zucker und Alternativen

Zucker ist leider heutzutage ein wesentlicher Bestandteil vieler Lebensmittel und Getränke. Dass er ungesund ist, ist mittlerweile fast allen bekannt, doch die Industrie weiß sich zu helfen. Damit der Verbraucher nicht sofort den Zucker in der Liste der Inhaltsstoffe identifiziert, erhält er eine Vielzahl anderer Bezeichnungen, die letztlich aber alle das Gleiche sind – nämlich Zucker.

Als ich angefangen habe, mich mit der anti-entzündlichen Ernährung zu beschäftigen, war ich schlichtweg überfordert, welche Produkte ich nun kaufen kann und welche nicht. Um es dir einfacher zu machen und einen Überblick zu verschaffen, habe ich eine Liste mit allen Bezeichnungen von Zucker erstellt. Du wirst staunen, wie viele es mittlerweile davon gibt!

Doch warum ist Zucker so ungesund? Ein wichtiger Faktor ist, dass sich Zucker schädlich auf die Darmflora auswirken kann, da es möglicherweise das natürliche Mikrobiom aus dem Gleichgewicht bringt. Zucker kann den Blutzuckerspiegel rasant ansteigen lassen und dadurch langfristig zu einer Insulinresistenz führen. Zudem ist er hochkalorisch, was eine Gewichtszunahme bewirken kann.

Allein durch die Ernährungsumstellung auf anti-entzündlich hat mein Mann sagenhafte acht Kilo abgenommen, ohne zu hungern oder auf etwas zu verzichten.

Versteckter Zucker

- Agavendicksaft
- Ahornsirup
- Apfelsüße
- Dextrose
- Dicksaft
- Extrakte
- Fruchtsaftkonzentrat
- Fruchtzucker
- Fructose
- Gerstenmalz
- Glukose
- Glukosesirup
- Honig
- Invertzucker
- Joghurtpulver
- Karamell
- Kokosblütenzucker
- Laktose
- Magermilchpulver
- Maltodextrin
- Maltose
- Molkenpulver
- Oligofruktose
- Polydextrose
- Raffinierter Zucker
- Raffinose
- Rohrzucker
- Rohrrohrzucker
- Saccharose
- Stärkesirup
- Traubensüße
- Traubenzucker
- Weizendextrin
- Zuckerrübensirup

Grundsätzlich möchte ich dir aber vorneweg etwas Wichtiges ans Herz legen. Entwöhne dich generell von Süßem, denn es macht süchtig. Nach einigen Wochen gewöhnt sich der Körper an die Umstellung und du wirst wieder Geschmäcker entdecken, die du vorher nicht mehr wahrgenommen hast.

Darüber hinaus gibt es unglaublich tolle Alternativen, die es ermöglichen, auf eine gesunde Weise zu leben und in Maßen Süßes zu genießen. Deshalb möchte ich dir meine liebsten Zuckeraustauschstoffe auflisten, die in meiner Küche zum Einsatz kommen. Auch diese haben ihre Vor- und Nachteile, wie folgt.

Erythrit ist mein persönlicher Favorit, da es null Kalorien hat (Haushaltszucker hat auf 100 g ca. 387 Kalorien) und bei mir keinerlei Verdauungsbeschwerden verursacht. Es wird mittels Fermentation von Traubenzucker (mithilfe von Hefen oder Pilzen) hergestellt. Im Verhältnis zum Haushaltszucker (Saccharose) hat Erythrit eine 70%ige Süßkraft und wird insulinunabhängig im Dünndarm verstoffwechselt. Der Nachteil ist allerdings, dass man die fehlende Süßkraft nicht mit noch mehr Erythrit ausgleichen sollte, da es dann einen bitteren Geschmack annehmen kann. Menschen mit Histaminintoleranz wird Erythrit nicht empfohlen, bei Fruktoseintoleranz schon.

Erythrit ist auch in Puderform erhältlich; gerade beim Backen kann man auf **Pudererythrit** oft nicht verzichten. Du kannst es aber auch im Hochleistungsmixer selbst herstellen.

Xylit ist ebenfalls, wie Erythrit, ein Zuckeralkohol und wird durch Hydrierung von Birkenrinde oder Fermentation von Traubenzucker gewonnen. Beide Zuckeralternativen enthalten keinen Zucker und haben somit keinen bzw. wenig Auswirkung auf den Blutzuckerspiegel. Xylit besitzt im Vergleich zu unserem Haushaltszucker die gleiche Süßkraft, hat aber auf 100 g gerechnet 240 Kalorien (ca. 40 % weniger als Saccharose). Es verstoffwechselt sich überwiegend im Dickdarm und kann bei manchen Menschen Blähungen verursachen. Ich verwende Xylit nur in Kombination mit Erythrit, um die fehlende Süße zu erreichen, denn auch ich reagiere empfindlich darauf. Bei Histaminintoleranz wird es ebenfalls nicht empfohlen, bei Fruktoseintoleranz auch nur bedingt. Achtung bei Hunden: Sie dürfen keine xylithaltigen Lebensmittel essen, da schon wenige Gramm für sie tödlich sind.

Stevia kennt man schon seit längerer Zeit und auch die süße Pflanze enthält keinerlei Zucker. Obwohl es in meiner Küche aufgrund Unverträglichkeit keine Verwendung findet, möchte ich es dir trotzdem gerne vorstellen. Die Blätter der Steviapflanze werden mittels einer Mazeration ausgelaugt und der so gewonnene Rohsaft mittels einer Fällungsreaktion unter Zugabe von Metallsalzen (z. B. Aluminiumhydroxid) einer Reinigung unterzogen.

Stevia ist kalorienfrei, aber nur schwer zu dosieren, denn es hat eine ungefähre Süßkraft von 200 % – 450 % im Vergleich zu Saccharose. Die süße Pflanze ist, im Gegensatz zu den Zuckeralkoholen, sowohl bei Histamin- als auch bei Fruktoseintoleranz geeignet.

Warum es bei mir ein Gefühl von „Unterzuckerung“ auslöst und meinen kompletten Zyklus durcheinanderbringt, kann ich nicht zu hundert Prozent erklären. Bei manchen Menschen ist es aber wahrscheinlich so, dass Stevia durch seine extreme Süße dem Gehirn eine Zufuhr von Zucker meldet. Daher schüttet der Körper eine hohe Menge an Insulin aus, kann dieses aber nicht verwenden.

Um das perfekte Ergebnis bei Kuchen und Desserts zu erhalten, verwende ich soweit möglich nur Erythrit aus oben genannten Gründen. Falls die Süße dadurch nicht ausreicht, gleiche ich diese mit etwas Xylit aus.

Bei den Zuckeraustauschstoffen solltest du die einzelnen Alternativen selbst durchprobieren, denn jeder Körper ist anders und reagiert individuell.

Mehr Informationen zu Zuckeralternativen wie Kokosblütenzucker, Agavendicksaft & Co., und warum sie nicht zuckerfrei sind, findest du auf meinem Instagram-Kanal @Jusebeauty.

Achte auf Bioqualität und Regionalität

In der anti-entzündlichen Ernährung geht es nicht nur darum, was du isst, sondern auch, welche Qualität deine Lebensmittel haben bzw. woher sie stammen. Diese Merkmale tragen nicht nur zur eigenen Gesundheit bei, sondern haben auch positive Auswirkungen auf die Umwelt und die lokale Wirtschaft.

Biolebensmittel werden in der Regel ohne den Einsatz von synthetischen Pestiziden, Herbiziden oder gentechnisch veränderten Organismen angebaut. Dies reduziert das Risiko von Pestizidrückständen in Lebensmitteln und minimiert die Belastung für den menschlichen Körper sowie unsere Böden und Gewässer. Biolebensmittel können oft einen höheren Gehalt an Nährstoffen wie Vitaminen, Mineralstoffen und Antioxidantien aufweisen, die wir so dringend brauchen. Biolandwirte verwenden natürliche Methoden wie Fruchtfolge, Kompostierung und biologische Schädlingsbekämpfung, um den Boden fruchtbar zu halten und die Artenvielfalt zu fördern.

Regionale Produkte werden wiederum oft frischer geerntet und schneller verarbeitet, wodurch die Nährstoffe besser erhalten bleiben.

Wenn ich die Auswahl habe, entscheide ich mich immer für regionale Bio-Produkte, ziehe aber regionale Produkte den Bio-Lebensmitteln mit längeren Lieferwegen vor.

Nahrung ist deine Medizin

In der heutigen Medizin haben wir leider vernachlässigt, wie viel Power in verschiedenen Nahrungsmitteln steckt und dass wir durch eine gezielte, gesunde Ernährung unseren Körper fit halten können. Ich möchte dir hier ein paar Nahrungsmittel vorstellen.

„Du bist, was du isst."

Beeren: Heidelbeeren, Himbeeren und Erdbeeren sind voller Antioxidantien, die oxidative Stressreaktionen reduzieren können. Sie sind auch reich an Vitaminen und Ballaststoffen, die zur Regulierung des Immunsystems beitragen.

Grünes Blattgemüse: Gemüse wie Spinat, Grünkohl und Mangold sind reich an Vitaminen, Mineral- und sekundären Pflanzenstoffen. Diese Nährstoffe tragen zur Verringerung von Entzündungen bei und unterstützen die allgemeine Gesundheit.

Nüsse: Verschiedene Nusssorten, wie Walnüsse, Mandeln und Pistazien, sind Quellen für gesunde Fette, Ballaststoffe und Antioxidantien. Der regelmäßige Konsum von Nüssen kann entzündungshemmend wirken und das Herz-Kreislauf-System schützen.

Ingwer und Kurkuma: Diese Gewürze enthalten natürliche Verbindungen, wie Curcumin im Kurkuma und Gingerol im Ingwer, die entzündungshemmende Eigenschaften haben. Sie können in die Ernährung integriert werden, um Entzündungsprozesse zu reduzieren.

Esse achtsam

Ich habe dir ganz viele Informationen an die Hand gegeben, welche Lebensmittel du bei einer anti-entzündlichen Ernährung am besten verwendest. Sie machen schon einen unglaublichen Unterschied, aber jetzt fehlt noch das Wie.

Übergewicht und Verdauungsbeschwerden kommen ganz häufig durch die falsche Nahrungsaufnahme. Das heißt, es spielt eine erhebliche Rolle, in welcher Umgebung und wie wir das Essen zu uns nehmen. Ich habe festgestellt, dass ein paar einfache Regeln, die du leicht in deinen Alltag integrieren kannst, einen großen Unterschied machen.

Esse in einer ruhigen Umgebung. Die ayurvedische Medizin besagt, dass man die hektische Energie mit dem Essen aufnimmt und innerlich unruhig wird. Esse ohne Ablenkungen (ohne Handy etc.), sodass du dich ganz auf deine Mahlzeit konzentrieren kannst. Auch negative Gespräche verschiebst du am besten auf später, um eine positive Atmosphäre zu schaffen. Dies ist die optimale Voraussetzung, um deine Nahrung bestmöglich zu verwerten. Atme ein paar Mal tief ein und aus. Dies sorgt dafür, dass du dich nun vollkommen auf den Moment fokussierst. Dein Körper kann sich jetzt optimal auf die Nahrungsaufnahme vorbereiten.

Kaue jeden Bissen sorgfältig. Je nachdem, was du isst, solltest du jeden Bissen im Schnitt 30-mal kauen. Durch gründliches Kauen zerkleinerst du die Nahrung und vermischt sie mit Speichel. Die Nahrung wird angefeuchtet und aufgeweicht, was eine enorme Erleichterung für deinen Magen ist. Außerdem fühlst du dich schneller satt, da das Sättigungsgefühl dem Gehirn rechtzeitig signalisiert wird. Durch das sorgfältige Zerkleinern der Nahrung wird die Oberfläche vergrößert, wodurch Nährstoffe effektiver freigesetzt und vom Körper aufgenommen werden können.

Trinke zum Essen möglichst wenig. Natürlich kommt es immer darauf an, ob du eine Suppe isst oder ein trockenes Brot. Grundsätzlich gilt aber, das Trinken zu einer Mahlzeit zu reduzieren, damit der Magen die Nährstoffe optimal verwerten kann. Kommt im Magen zu viel Flüssigkeit dazu, könnten diese nämlich ohne Verwertung ausgeschieden werden. Diese Empfehlung beruht auf der traditionellen chinesischen & ayurvedischen Medizin.

Esse und trinke so oft es geht warm. Der Körper benötigt mehr Energie, um Kaltes auf seine Betriebstemperatur zu bringen - Energie, die er woanders brauchen könnte.

Trinke ausreichend

Dass wir ausreichend trinken sollen, ist mittlerweile jedem bekannt, doch warum genau ist das denn so wichtig?

Unsere Nieren benötigen Wasser, um Abfallstoffe und Toxine aus dem Körper zu filtern, was gerade bei chronischen Entzündungen ein sehr wichtiger Faktor ist. Die Verdauung wird durch die Flüssigkeitszufuhr gefördert und Verstopfung wird vermieden. Unsere Zellen brauchen viel Wasser, um ordnungsgemäß zu funktionieren. Es ermöglicht ihnen, Nährstoffe aufzunehmen und Abfallstoffe auszuscheiden.

Dies sind einige wichtige Faktoren. Es gäbe noch so viel mehr Gründe, warum es essenziell ist, viel zu trinken.

Aber wie viel sollte man denn nun trinken?

Nach Empfehlung der Deutschen Gesellschaft für Ernährung sollte ein gesunder Mensch im Schnitt mindestens 1,5 Liter pro Tag trinken. Dabei handelt es sich um einen Richtwert, der individuell nach Körpergröße, Aktivitätsniveau u. v. m. variieren kann. Zusätzliche Flüssigkeit nimmt man beispielsweise durch das Essen von Gemüse und Obst auf.

Es empfiehlt sich, mehrere Gläser über den Tag verteilt zu trinken, denn zu große Mengen kann der Körper nicht speichern und scheidet die Überschüsse aus.

Wir haben uns das Warum und Wie angesehen, doch genauso bedeutend ist das Was. Grundsätzlich gilt, Wasser als Hauptgetränk zu bevorzugen.

Die vermeintlich gesunden (Direkt-)Fruchtsäfte enthalten hohe Mengen an Zucker, noch dazu sättigen diese Kalorien weniger. So nimmt man viele Kalorien fast unbemerkt nebenbei zu sich und hat am Tagesende in Summe einen Kalorienüberschuss Wenn du nicht ganz auf Fruchtsäfte verzichten möchtest, trinke einfach eine Schorle mit ¼ Saft und ¾ Wasser.

Ebenso können die beliebten Smoothies zur Zuckerfalle werden, da man erheblich mehr Früchte „trinkt" als man essen könnte. Je nachdem, wie hoch der Wassergehalt des verwendeten Obstes ist, sind für einen Liter Saft 1,3 bis 2 kg Früchte notwendig. Diese Anzahl an Früchten würde man niemals an einem Tag zu sich nehmen. Und natürlich sättigt der Verzehr der unverarbeiteten Frucht mehr, als der Genuss eines daraus zubereiteten Getränks. Mir ist aber auch wichtig zu betonen, dass Smoothies in der richtigen Zubereitung mit Gemüse und Obst sehr nährstoffreich sein können.

Auf Cola, Limonaden, Energydrinks usw. möchte ich nicht explizit eingehen. Ich denke, es versteht sich von selbst, diese Getränke am besten gänzlich vom Ernährungsplan zu streichen.

Falls dir Wasser auf Dauer zu eintönig ist, kannst du auf ungesüßte Tees oder Infused Water (Wasser mit einer Scheibe Apfel, Zitrone, Gurke etc.) zurückgreifen.

Bleib in Bewegung

Bewegung und frische Luft sind zwei zentrale Faktoren für die Erhaltung unserer Gesundheit und unseres allgemeinen Wohlbefindens.

Generell hilft körperliche Aktivität beim Kalorienverbrauch und unterstützt dich bei der Gewichtskontrolle. Regelmäßige Bewegung fördert die Durchblutung, stärkt das Herz und kann das Risiko für Herz-Kreislauf-Erkrankungen verringern. Bewegung kann außerdem die Aktivität von Immunzellen fördern, was zu einem stärkeren Immunsystem führt und das Infektionsrisiko verringert.

Durch den Aufenthalt im Sonnenlicht produziert der Körper Vitamin D, welches unter anderem essenziell für die Knochengesundheit und unsere Psyche ist. Regelmäßige Bewegung kann zu einem besseren Schlaf führen, da sie dabei unterstützt, die innere Uhr des Körpers zu regulieren.

Mir persönlich hilft ein flotter Spaziergang an der frischen Luft, um Stress abzubauen und meinen Kopf freizubekommen. Ich kann es dir nur empfehlen, mindestens 30 Minuten pro Tag dafür zu investieren.

Schlaf und Schlafqualität

Etwa ein Drittel seines Lebens verbringt der Mensch im Schlaf. Wie notwendig Schlaf ist, merkt man erst, wenn er einem fehlt. Doch warum genau ist das so wichtig und wie viel brauchen wir?

Während des Schlafens erholt sich der Körper von den Belastungen des Tages und repariert Zellen. Es werden Stoffwechselprozesse wie unser Zucker- und Fettstoffwechsel optimiert, in den Zellen laufen Reparaturprozesse ab und das Immunsystem wird gestärkt.

In der Tiefschlafphase schüttet das Gehirn große Mengen des Wachstumshormons Somatropin aus. Es stärkt die Knochenfestigkeit, steigert die Leistungsfähigkeit und sorgt für eine bessere Wundheilung. Das heißt, dass sich der Körper regeneriert, Gifte ausschwemmt, Entzündungen bekämpft und die psychische Gesundheit fördert.

Solltest du an einer chronischen Krankheit leiden, ist es ganz besonders wichtig, erholsam und viel zu schlafen.

Der Schlafbedarf selbst kann von Person zu Person variieren und ändert sich im Laufe des Lebens. Ein erwachsener Mensch sollte aber mindestens 7 - 8 Stunden erholsam schlafen.

Zusammenfassung

Wie du wahrscheinlich festgestellt hast, gibt es ganz viele Faktoren, die zu einem gesunden Lebensstil beitragen. Ich möchte dir dabei aber etwas sehr Wichtiges ans Herz legen. Um gesund und fit zu bleiben, gehört es für mich ganz besonders dazu, sich etwas zu gönnen, auch einmal über die Strenge zu schlagen und das Leben zu genießen.

Ich wünsche mir, dass du meine Empfehlungen als Rahmen und nicht als vorgegebene feste Verpflichtung verstehst, denn nur so kannst du sie auf Dauer einhalten.

Meine Regel ist 80/20,
das heißt 80 % Anti-Entzündlich,
20 % schlemmen und genießen.

Als ich aufgrund meiner chronischen Erkrankung die Ernährung umstellte, habe ich mindestens ein halbes Jahr ganz streng danach gelebt und habe mir nichts gegönnt. Es war notwendig, um meinen Körper zu entgiften. Danach habe ich mir hin und wieder Ausnahmen erlaubt und finde diesen Kompromiss sehr angenehm.

Mit diesem Buch hoffe ich, dir ganz viele großartige Tools an die Hand zu geben, die deine Gesundheit maßgeblich verbessern können. Ich wünsche dir von ganzem Herzen, gesund zu bleiben oder es zu werden - und nun viel Freude und Genuss beim Nachkochen meiner Rezepte.

Für mehr Inspirationen folge mir gerne auf Instagram oder YouTube unter @JuseBeauty.

„Gesundheit bekommt man nicht im Handel, sondern durch den Lebenswandel.“

Einkaufslisten

Wenn du deine Ernährungsgewohnheiten umstellst, verändern sich auch die Waren in deinem Einkaufskorb. Auf den folgenden Seiten stelle ich dir meine wöchentlichen Einkaufslisten vor, mit denen du viele meiner Rezepte nachkochen kannst.

So hast du immer einen schönen Vorrat zu Hause, den du beliebig variieren kannst. So kann aus einem Himbeer-Semifreddo auch eines mit Erdbeere werden.

Wöchentliche Einkaufsliste Obst (variiert nach Saison)

- ☐ Äpfel
- ☐ Avocados
- ☐ Bananen
- ☐ Birnen
- ☐ Blaubeeren
- ☐ Datteln
- ☐ Erdbeeren
- ☐ Himbeeren
- ☐ Zitronen

Wöchentliche Einkaufsliste frische Kräuter (variiert nach Saison)

- ☐ Basilikum
- ☐ Ingwer
- ☐ Knoblauch
- ☐ Petersilie

Wöchentliche Einkaufsliste Gemüse
(variiert nach Saison)

- ☐ Auberginen
- ☐ Blattsalate
- ☐ Champignons, braun
- ☐ Gurken
- ☐ Karotten
- ☐ Kartoffeln
- ☐ Oliven
- ☐ Paprika
- ☐ Sellerie
- ☐ Spinat
- ☐ Süßkartoffeln
- ☐ Tomaten
- ☐ Zucchini
- ☐ Zwiebeln

Vorratskammer

Hier ein paar Tipps aus meiner Vorratskammer. Diese Nahrungsmittel und Gewürze habe ich immer zu Hause und fülle sie schnell auf, wenn sie verbraucht sind.

Gefrorenes

- ☐ Bananen
- ☐ Blaubeeren
- ☐ Blumenkohl
- ☐ Brokkoli
- ☐ Himbeeren
- ☐ Erdbeeren

Getreide & Nudeln

- ☐ Couscous
- ☐ Haferflocken fein, glutenfrei
- ☐ Kichererbsen
- ☐ Kidneybohnen
- ☐ Nudeln & Lasagneplatten (optional glutenfrei)
- ☐ Quinoa
- ☐ Reis

Gewürze

- ☐ Italienische Kräuter
- ☐ Kakaopulver
- ☐ Kräuter der Provence
- ☐ Kreuzkümmel
- ☐ Oregano
- ☐ Paprika edelsüß
- ☐ Rosmarin
- ☐ Thymian
- ☐ Vanille gemahlen
- ☐ Zimt

Mehle & Backen

- ☐ Backpulver Reinweinstein
- ☐ Buchweizenmehl
- ☐ Dinkelmehl
- ☐ Hafermehl
- ☐ Haselnüsse gemahlen
- ☐ Mandeln gemahlen
- ☐ Maismehl
- ☐ Pfeilwurzelmehl

Nüsse & Samen

- ☐ Cashewkerne
- ☐ Chiasamen
- ☐ Haselnüsse
- ☐ Leinsamen
- ☐ Mandeln
- ☐ Pekannüsse
- ☐ Sesam
- ☐ Sonnenblumenkerne

Öle & Essig

- ☐ Apfelessig
- ☐ Avocadoöl
- ☐ Kokosöl
- ☐ Olivenöl
- ☐ Sesamöl geröstet
- ☐ Zitronensaft
- ☐ Limettensaft

Süßungsmittel

- ☐ Erythrit
- ☐ Xylit
- ☐ Tapiokasirup
- ☐ Honig
- ☐ Aprikosen getrocknet
- ☐ Datteln
- ☐ Feigen getrocknet
- ☐ Schokolade zuckerfrei, vegan

Pflanzenmilch & mehr

- ☐ Cashewmilch
- ☐ Mandelmilch
- ☐ Kokosdrink
- ☐ Cashewmus
- ☐ Erdnussmus
- ☐ Haselnussmus
- ☐ Mandelmus
- ☐ Miso
- ☐ Sojasoße oder Tamari

Fühlst du dich auch manchmal beim Einkauf überfordert, welche Lebensmittel nun gesund sind und welche du lieber nicht kaufst?

Hier gebe ich dir wertvolle Einkaufstipps zur anti-entzündlichen Ernährung an die Hand. Diese Liste erleichtert dir deinen Einkauf in der Drogerie oder in Lebensmittelmärkten, denn du kannst sie dank PDF auf deinem Handy überall hin mitnehmen.

Für dieses Kochbuch kommst du selbstverständlich auch ohne Liste aus, diese dient lediglich der Orientierung und hilft dir, die passenden Lebensmittel schneller zu finden.

LOVE MOSCHINO

Basics

vegetarisch **vegan** **glutenfrei** **histaminarm**

Erdbeermarmelade

„Das Wichtigste am Frühstückstisch ist bei den meisten Familien die Marmelade. Damit die leckere Süßigkeit ohne schlechtes Gewissen vernascht werden kann, habe ich ein gesundes und kalorienreduziertes Rezept für euch!“

1 kg Erdbeeren
400 g Xylit
16 g Apfelpektin oder Agaranta
1 Spritzer Zitronensaft

1. Erdbeeren waschen, in den Mixer geben und zu einem Püree mixen.
2. Erdbeerpüree mit allen Zutaten mischen und mindestens 5 Minuten sprudelnd kochen lassen.
3. Die Marmelade in saubere Schraubgläser füllen. Ich spüle die sauberen Gläser und Deckel zusätzlich mit kochendem Wasser aus. Wenn die Marmelade ausgekühlt ist, sollte der Deckel (bei Twist-Off-Gläsern) eine kleine Mulde bilden. Dann sind sie luftdicht verschlossen.
4. Je nach Anzahl der Schleckermäuler in deiner Familie ist es besser, die Marmelade in mehrere kleine statt wenige große Gläser abzufüllen.

Tipp

Bitte kein Erythrit verwenden, dieses kristallisiert beim Öffnen und beim Kaltstellen der Marmelade!

Crema alla Nocciola

„Diesen Aufstrich kannst du super verschenken. Er kommt immer gut an und schmeckt Jung und Alt."

400 g ganze Haselnüsse

3 EL desodoriertes Kokosöl

1 TL gemahlene Tonkabohne (optional Vanille)

3 Datteln

5 EL Erythrit

4 EL Pflanzenmilch

1. Haselnüsse mit Kokosöl in einem Hochleistungsmixer zu einem Mus mixen.
2. Datteln entkernen und mit den übrigen Zutaten zum Mus geben und nochmal für 2 Minuten auf höchster Stufe mixen.

Tipp

Solltest du keinen Hochleistungsmixer haben, kannst du auch Haselnussmus nehmen. Dann benötigst du das Kokosöl aber nicht.

Kokos-Dattel-Traum

40 g Kokosmus
40 g Mandeln
20 g Datteln

1 Die Datteln entkernen. Alle Zutaten in einen Hochleistungsmixer auf höchster Stufe zu einer Creme pürieren.

2 Fülle die Creme in ein sauberes Glas ab und bewahre sie im Kühlschrank auf.

Tipp

Du kannst auch statt ganzen Mandeln, Mandelmus verwenden, falls dein Mixer nicht genügend Leistung hat.

Vegane Mayonnaise

1 Avocado
2 TL Senf mittelscharf
2 EL Apfelessig
½ TL Salz

1 Avocado halbieren, den Kern entfernen und schälen.

2 Die Avocado wird schnell braun, deshalb jetzt zügig alle Zutaten in den Mixer geben und mischen.

3 Die vegane Mayonnaise in ein verschließbares Gefäß abfüllen und im Kühlschrank aufbewahren.

4 Das Rezept kannst du beliebig variieren mit verschiedenen Kräutern oder Knoblauch und Zitronensaft. Es schmeckt dadurch als Dip mit Gemüsesticks sehr lecker!

Tipp

Achte beim Kauf des Senfs darauf, dass kein Zucker zugesetzt wurde. Produkte, die ich empfehle und verwende, habe ich in einer praktischen Liste zusammengestellt. Den Link findest du auf Seite 23.

Mediterraner Hummus

Die Kombination von Kichererbsen, Tomaten, Oliven und Gewürzen verleiht diesem Hummus einen unverwechselbaren Geschmack, der perfekt als Dip, Brotaufstrich oder als Beilage zu Gemüsegerichten passt.

1 Dose Kichererbsen (ca. 230 g), abgespült und abgetropft

½ Glas getrocknete Tomaten (ca. 80g)

60 g Oliven

50 g Olivenöl

4 Knoblauchzehen, geschält

30 g Zitronensaft

1-2 TL Salz

6 Stängel Basilikum frisch

1 In einem Mixer die abgetropften Kichererbsen zusammen mit Olivenöl, Zitronensaft, Knoblauch, Salz, Basilikum und getrockneten Tomaten geben.

2 Zutaten zu einer glatten und cremigen Masse mixen.

3 Die Oliven entsteinen, klein hacken und mit dem Hummus vermengen.

4 Dann kann der mediterrane Hummus in einer Schüssel hübsch angerichtet werden.

Tipp

Serviere den Hummus mit frischem Gemüse, wie Paprika, Gurken, Karotten und frisch gebackenem Brot.

Lust auf einen Nachtisch?
In diesem Fall solltest du das **Kichererbsenwasser** nicht einfach wegschütten. Auf Seite 155 kannst du damit ein wunderbares Semifreddo zubereiten.

Granola à la Judith

„Das leckerste Granola, das ich je gegessen habe! Es schmeckt wie gebrannte Mandeln und liefert dir eine extra Portion Energie und Ballaststoffe!"

1 Backofen auf **150 °C Umluft** vorheizen.

2 Alle Zutaten, bis auf den Sirup, in einen Mixer geben. So lange mixen, bis die Nüsse kleinere Stücke sind.

3 Den Tapiokasirup daruntermischen.

4 Die Mischung auf ein mit Backpapier ausgelegtes Blech verteilen und mit dem Löffel andrücken. Für **20 Minuten** backen.

5 Das Granola ist nun eine feste Platte. Dieses kannst du in kleine Stücke teilen.

Tipp

Das Granola trocken und kühl lagern; sehr gut geeignet sind luftdichte Gläser. Du kannst es entweder als Snack verwenden, oder dein Müsli, Porridge etc. damit toppen!

200 g Nussmischung
30 g Chiasamen
30 g Sesam
1 TL Zimt
½ TL gemahlene Vanille
1 EL Erythrit
4 EL Tapiokasirup
30 g Leinsamen

Tapiokasirup wird aus der Maniokwurzel hergestellt und enthält keinerlei Fruchtzucker, was bei einer entsprechenden Unverträglichkeit von Vorteil ist. Ich verwende einen Sirup der auf 100 g nur 0,7 g Zucker und lediglich 176 Kalorien hat. Er verändert seine Konsistenz bei Hitze und karamellisiert. Eischnee wird bei Zugabe von Tapiokasirup anstelle von Zucker besonders cremig. Trotz allem sollte man ihn, wie jedes andere Lebensmittel, in Maßen genießen.

Marzipan

„Dieses Marzipan wirst du lieben. Es schmeckt nicht nur viel besser als ein Gekauftes, sondern ist kalorienärmer und ohne Zucker!"

Ergibt ca. 250 g

100 g Pudererythrit
150 g Mandeln gemahlen
20 g Mandelmus
8 Tropfen Bittermandelaroma
20 g Mandelöl
evtl. Wasser

1 Aus dem Erythrit im Hochleistungsmixer feines Puder herstellen.

2 Mandeln und Öl in einen Hochleistungsmixer geben und für 1 Minute auf höchster Stufe mixen.

3 Nun alle anderen Zutaten hinzufügen und zu Marzipan verarbeiten.

4 Das Marzipan gebe ich in einen luftdichten Behälter. Darin hält es sich im Kühlschrank etwa 1 Woche. Du kannst es aber auch einfrieren. Das klappt super und schmeckt nach dem Auftauen exakt gleich.

Tipp

Falls dein Mixer nicht so leistungsfähig ist, gib etwas Wasser zur Marzipanrohmasse.

Veganer Parmesan

1 Alle Zutaten in einem Mixer kurz zu einer krümeligen Masse verarbeiten. Achte darauf, nicht zu lange zu mixen, da sonst das Öl der Cashewkerne austritt.

2 Du kannst den veganen Parmesan in einem luftdichten Behälter im Kühlschrank für 3 Wochen aufbewahren.

Tipp

Falls du eine Unverträglichkeit hast, kannst du für den veganen Parmesan auch nur Zedernüsse verwenden.

Für 3-4 Personen

60 g Zedernüsse
80 g Cashewkerne
25 g Hefeflocken
1 TL Salz
½ TL Knoblauch gemahlen

Zedernüsse sind die Zapfenkerne der Sibirischen Zirbelkiefer und eng mit Pinienkernen verwandt, schmecken allerdings etwas aromatischer.

Frühstück

vegetarisch vegan glutenfrei histaminarm

Power-Frühstück

Dieses basische Power-Frühstück liefert dir eine ordentliche Portion Omega3, Präbiotika und stärkt deine Mitte.

1 Hirse nach Anleitung kochen.

2 Äpfel schälen und in Würfel schneiden, Walnüsse klein hacken.

3 Die Äpfel in einer Pfanne mit der veganen Butter für 2-3 Minuten anbraten.

4 Mohn und Walnüsse zugeben, nochmal 2 Minuten mitbraten.

5 Tapiokasirup darüber verteilen, bis er karamellisiert.

6 Hirse über die Apfel-Mischung verteilen und optional mit Gojibeeren toppen.

Für 2 Personen

2 Äpfel
1 Tasse Hirse feinkörnig
1 Handvoll Walnüsse
3 EL Butter vegan
5 EL Mohn
3 EL Tapiokasirup
Gojibeeren optional

Weitere Informationen zu Tapiokasirup findest du auf Seite 39.

Overnight Oats
mit Beeren

„Dieses leckere Frühstück kannst du super am Vorabend zubereiten und zur Arbeit mitnehmen!"

1 Am Vorabend Pflanzenmilch mit Haferflocken, Chiasamen und Pudererythrit in ein Glas mit Schraubverschluss geben, mischen und über Nacht in den Kühlschrank stellen.

2 Himbeeren mit Erythrit in einem Mixer zu einer Soße verarbeiten.

3 Vor dem Verzehr die Oats mit Soße, Granola, Beeren und zuckerfreier Schokolade toppen.

Tipp

Wenn du in der Soße die Kerne der Himbeeren nicht magst, dann kannst du sie nach dem Mixen durch ein Sieb streichen.

Für 2 Personen

Oats

100 g glutenfreie Haferflocken

300 ml Pflanzenmilch

1 EL Chiasamen

2 EL Pudererythrit

Mus

150 g Himbeeren (frisch oder tiefgekühlt bzw. aufgetaut)

2 EL Eryhtrit

Topping

Granola siehe Seite 39

Beeren

Zuckerfreie Schokolade

Südsee-Bowl

1 Alle Zutaten der Bowl in einer Schüssel mischen und anschließend auf zwei kleine Bowls verteilen und kühl stellen.

2 In der Zwischenzeit die Schokolade nach Anleitung vorbereiten (siehe Seite 169). Tausche im Rezept das Pudererythrit durch Tapiokasirup aus. Verteile dann die Schokolade auf zwei Bowls.

3 Über Nacht in den Kühlschrank stellen, oder mindestens für 2 Stunden.

Für 2 Personen

100 g Hirseflocken
400 g Kokosjoghurt
100 g Kokosdrink
30 g Kokosraspel
50 g Tapiokasirup
100 g Heidelbeeren

Mehr zu Tapiokasirup erfährst du auf Seite 39.

Schokoglasur siehe Seite 169

Tipp

Wenn du keinen Tapiokasirup hast, kannst du auch 2 EL Pudererythrit nehmen. Dann ist allerdings deine Bowl nicht mehr histaminarm.

Banana Pancakes

„Dieses leckere Frühstück ist für alle Schleckermäuler, die es am Morgen besonders süß mögen!"

1 Pflanzenmilch mit Eiern, Flohsamenschalen, Hafermehl und Erythrit verquirlen. Für 10 Minuten quellen lassen.

2 Bananen schälen und in 1 cm dicke Scheiben schneiden.

3 Eine Pfanne mit Öl erhitzen. Teig in die Pfanne gießen, bis der Boden bedeckt ist.

4 Bananen auf den Teig legen und goldbraun ausbacken.

5 Pfannkuchen vorsichtig wenden und für etwa 30 Sekunden die andere Seite bräunen.

6 Auf einem Teller anrichten und bei Bedarf mit Pudererythrit süßen.

Tipp

Verwende unbedingt reife Bananen, das macht den Pfannkuchen richtig schön süß! Wenn du es noch süßer magst, kannst du den Pfannkuchen noch mit einem Schuss Tapiokasirup beträufeln.

Für 2-3 Personen

200 ml Pflanzenmilch

2 Eier

1 TL Flohsamenschalen

100 g glutenfreies Hafermehl

2 EL Erythrit

3 Bananen

Flohsamenschalen haben neben vielen Ballaststoffen auch die Fähigkeit, Wasser zu binden und sind dadurch ein veganes Geliermittel. Sie machen diesen Pfannkuchenteig dadurch geschmeidiger. Wenn du Flohsamenschalen in deine Ernährung einbaust, solltest du darauf achten, etwas mehr zu trinken.

Power-Omelett

„Dieses Omelett liefert dir eine ordentliche Portion Eiweiß und sättigt sehr lange!"

1 Gemüse waschen, Paprika entkernen, Süßkartoffel schälen. Das ganze Gemüse in kleine Würfel schneiden und in einer Pfanne mit Öl ca. 5 Minuten braten bis das Gemüse weich ist.

2 Eier verquirlen, Eimischung salzen und zum Gemüse in die Pfanne geben. Bei mittlerer Hitze so lange braten, bis die Eier durch sind.

3 Fertiges Omelett mit gehackter Petersilie und, wer mag, kleingeschnittenen Lauchzwiebeln garnieren.

Für 2 Personen

1 kleine Süßkartoffel

1 Paprika

6 Radieschen

8 Eier

Petersilie

4 Lauchzwiebeln (optional)

Tipp

Für den Extra-Frischekick kannst du das Omelett auch mit Feldsalat oder Rucola belegen.

Blitz-Fit-Shake

1 Banane schälen und mit den restlichen Zutaten im Mixer zu einem leckeren Shake pürieren.

2 Shake in 2 Gläser abfüllen und sofort genießen!

Für 2 Personen

2 reife Bananen
400 ml Pflanzenmilch
2 EL Mandelmus

Tipp

Je reifer die Bananen, desto schmackhafter und süßer der Shake!

Wärmende Köstlichkeiten

vegetarisch vegan glutenfrei histaminarm

Detox Suppe

„Diese Suppe ist voller Präbiotika und Probiotika, die deinen Darm und Körper beim Entgiften unterstützen!"

1 Gemüse und Obst waschen und in grobe Stücke schneiden. Brennnesselblätter von den Stängeln zupfen.

2 Zwiebeln in einem Topf mit Öl anbraten. Dann das restliche Gemüse, außer Brennnesseln, und den Apfel in den Topf geben und scharf anbraten.

3 Mit Wasser ablöschen und für 25 Minuten köcheln lassen.

4 Herd ausschalten und alles gut pürieren.

5 Nun die Gewürze, Misopaste und Apfelessig unterrühren.

6 Mit Salz abschmecken und mit Petersilie garnieren.

Tipp

Brennnessel mit Handschuhen anfassen und unter heißem Wasser abwaschen. Du kannst auch andere Gemüsesorten zur Suppe geben. Ideal als Resteverwertung!

Für 3-4 Personen

2 Zwiebeln
3 Karotten
6 Kartoffeln
1 kleiner Brokkoli
2 Stangen Brennnessel
1 Stange Staudensellerie
1 Apfel
1½ **Liter** Wasser
1 **TL** Kurkuma
1 **TL** Galgant
3 **EL** Suppengewürz
3 **TL** Misopaste
2 **EL** Apfelessig
Salz

Zum Garnieren

Petersilie, Pinienkerne, Sesam, Leinsamen nach Geschmack

Kürbis-Kokos-Suppe

„Eine Suppe voller Power und gleichzeitig entzündungshemmend! Sie ist schnell zubereitet und liefert dir eine ordentliche Portion Energie!“

1. Den Hokkaido gründlich waschen, das restliche Gemüse schälen und alles in grobe Stücke schneiden. Der Hokkaido-Kürbis muss nicht geschält werden. Die Schale wird beim Kochen schnell weich und kann problemlos püriert werden. Wer sich damit wohler fühlt, kann den Kürbis aber auch schälen.
2. In einem großen Topf mit Öl das Gemüse scharf anbraten.
3. Wasser und Gemüsebrühe zugeben und 20 Minuten köcheln lassen.
4. Mit einem Pürierstab klein mixen.
5. Kokosmilch und Galgant unter die Suppe rühren.
6. Vor dem Servieren mit Salz abschmecken und mit Kürbiskernen, Petersilie und, wer mag, einem Schuss Kürbiskernöl anrichten.

Für 2-3 Personen

1 Hokkaido-Kürbis (ca. 800 g)
3 große Kartoffeln
3 Karotten
1 **Liter** Wasser
2 **EL** Gemüsebrühe
1 **Dose** Kokosmilch
½ **TL** Galgant
Salz

Galgant, oft auch als „thailändischer Ingwer“ bezeichnet, ist eine Pflanze, deren Wurzel in der Küche und traditionellen Medizin verwendet wird. Ihm wird eine verdauungsfördernde, entzündungshemmende und antivirale Wirkung nachgesagt. In der Küche verleiht er Gerichten durch seinen scharf-frischen Geschmack eine besondere Tiefe und Schärfe.

Miso Suppe

Diese Suppe ist voller Power für deinen Darm! Sie versorgt ihn mit nützlichen Milchsäurebakterien. Diese helfen uns, gesund, lebendig und glücklich zu bleiben.

Für 2-3 Personen

1½ Liter Wasser
3 Karotten
100 g Shiitake-Pilze
1 Brokkoli
1 mittleren Pak Choi
200 g Reisnudeln
1 Stange Zitronengras
3 EL Miso-Paste
4 EL Tamari
1 TL geröstetes Sesamöl

1. Gemüse und Pilze putzen und klein schneiden. Den Pak Choi in grüne und weiße Teile trennen.
2. In einem Topf 1½ Liter Wasser aufkochen.
3. Karotten und Zitronengras zugeben und 15 Minuten köcheln lassen. Pilze und weißen Teil des Pak Choi in den Topf geben und weitere 5 Minuten kochen.
4. Brokkoli und grünen Pak Choi hinzufügen und nochmal 5 Minuten kochen.
5. Nudeln zur Suppe geben und nach Ende der Garzeit den Herd ausschalten.
6. Tamari, Sesamöl und Miso-Paste nach kurzem Abkühlen hinzufügen und nochmal abschmecken.
7. Die Suppe in Schälchen gießen und mit Sesam garnieren.

Tipp

Die Miso-Paste enthält lebendige Kulturen, daher sollte die Suppe vor dem Einrühren schon ein bisschen abgekühlt sein. Die Miso-Paste sollte nicht kochen.

Miso ist eine japanische Würzpaste, die durch Fermentation von Sojabohnen hergestellt wird. Aufgrund unterschiedlicher Fermentationsdauern und der Beigabe von Reis oder Gerste entstehen verschiedene Sorten.

Tamari ist eine spezielle Art von Sojasoße, die hauptsächlich aus Sojabohnen und meist ohne Weizen hergestellt wird, was es glutenfrei macht. Im Allgemeinen kann man Tamari oft als Ersatz für Sojasoßen verwenden, es hat jedoch einen tieferen und komplexeren Geschmack, was ich besonders schätze.

Schwammerlsuppe

„Jetzt wird's bayrisch: Schwammerl bedeutet Pilz!"

Für 3-4 Personen

Semmelknödl

250 g Knödelbrot Dinkel

½ TL Salz

2 Eier

150 ml Pflanzenmilch

Pilzsuppe

1 große Zwiebel

600 g Waldpilz-Mischung (oder andere)

300 g Pflanzenmilch

200 g Wasser

2 EL Suppengewürz

4 EL Hefeflocken

1 Bund Petersilie

Salz

1. Knödelbrot in eine große Schüssel geben. Milch handwarm erwärmen und über das Brot gießen. Eier und Salz ebenfalls hinzufügen und mit der Hand verkneten.
2. Einen großen Topf mit Wasser zum Kochen bringen.
3. Pilze waschen und in Streifen bzw. Stücke schneiden.
4. Zwiebel schälen und in kleine Würfel schneiden.
5. Mit nassen Händen tennisballgroße Knödel formen und in das siedende Wasser geben, 20 Minuten ziehen lassen.
6. Zwiebel in einer Pfanne mit Öl glasig dünsten, dann Pilze zugeben und für 5 Minuten goldgelb anbraten.
7. In der Zwischenzeit Cashewkerne, Pflanzenmilch, Suppengewürz und Hefeflocken in einen Mixer auf höchster Stufe mixen.
8. Soße über die Pilze gießen und 2 Minuten köcheln lassen.
9. Petersilie hinzufügen und sofort servieren.

Tipp

In Süddeutschland kennt jeder Knödelbrot; man kann es auch in vielen Supermärkten abgepackt kaufen. Wer Knödelbrot selber machen muss oder möchte, schneidet Brot oder Brötchen vom Vortag in 1 cm dicke Würfel.

Landlust Eintopf

1 Zuerst Zwiebel schälen und in kleine Würfel schneiden. Paprika waschen, entkernen und klein schneiden. Die Süßkartoffel und die Kartoffeln schälen und in mundgerechte Stücke schneiden.

2 Veganes Hack ggf. nach Packungsbeilage vorbereiten, dann in einer Pfanne mit Öl anbraten, bis es richtig schön Farbe hat.

3 Zwiebel zugeben und glasig braten. Paprikamark hinzugeben und kurz anschwitzen. Mit Balsamico ablöschen.

4 Kartoffeln, Süßkartoffel und Paprika in die Pfanne geben und nochmal für 1 Minute anbraten. Mit Wasser ablöschen.

5 Paprikapulver, Majoran und Suppengewürz zugeben und für ca. 20 Minuten köcheln lassen, bis die Kartoffeln gar sind. Bei Bedarf nachwürzen.

Tipp

Ich nehme gerne ein „trockenes" Hack aus Erbsenprotein. Es hält sich lange und hat meist gute Inhaltsstoffe.

Für 2-3 Personen

250 g veganes Hack
Öl zum Braten
2 weiße Zwiebel
1 rote Paprika
1 grüne Paprika
1 Süßkartoffel
4 mittelgroße Kartoffeln vorwiegend festkochend
3 EL Paprikamark
5 EL Apfelessig
700 ml Wasser
2 EL Paprika edelsüß
1 EL Majoran
2 EL Suppengewürz
Salz

Veganes Hack kann aus einer Vielzahl von pflanzlichen Zutaten hergestellt werden, wie Soja, Seitan, Linsen, Erbsen u. v. m. Diese werden oft als Granulat angeboten und müssen vor dem Anbraten kurz in Wasser oder Brühe eingeweicht werden. Aber auch gebrauchsfertige Produkte, sind mittlerweile erhältlich. Da in den Fertigprodukten meist schlechtere Inhaltsstoffe enthalten sind, empfehle ich die Verwendung von Granulaten. Du findest meinen Favoriten auf der Lebensmittelliste (siehe Seite 23).

Athenas Schichtgenuss

Für 3-4 Personen

2 Auberginen
1 kleine Zucchini
1 mittelgroße Süßkartoffel
1 Zwiebel
2 Knoblauchzehen
3 EL Tomatenmark
250 g veganes Hackfleisch
400 g stückige Tomaten
1 TL Kurkuma
200 ml Wasser
2 - 3 TL Suppengewürz
½ TL Galgant

Béchamelsoße

1 EL vegane Butter
1½ EL Dinkelmehl
300 ml Pflanzenmilch
2 TL Suppengewürz

1. Ofen auf **180 °C Umluft** vorheizen.
2. Auberginen waschen und in dünne Streifen schneiden. Auf einem mit Backpapier ausgelegten Backblech die Auberginen verteilen und mit Öl beträufeln. 20 Minuten backen.
3. Zucchini und Süßkartoffel ebenfalls in dünne Streifen schneiden.
4. Zwiebel und Knoblauch schälen, klein schneiden und in einer Pfanne mit Öl glasig dünsten. Veganes Hack zugeben und goldgelb anbraten. Zucchini in die Pfanne geben und nochmal für 3 Minuten mitbraten.
5. Mit stückigen Tomaten und Wasser ablöschen, mit Oregano, Kurkuma und Suppengewürz würzen. Nochmal kurz aufkochen lassen.
6. Für die Béchamelsoße in einem Topf die Butter schmelzen, Mehl zugeben und unter ständigem Rühren leicht anschwitzen (sollte nicht braun werden), dann vom Herd nehmen. Die Pflanzenmilch nach und nach zugeben, zügig mit einem Schneebesen unterrühren. Mit Suppengewürz abschmecken und nochmal aufkochen, bis die Soße eingedickt ist.
7. Eine Auflaufform mit Öl bepinseln, mit der Hälfte der Süßkartoffel auslegen. Darüber die Hälfte der Auberginen geben und die Hälfte der Hacksoße. Ein zweites Mal in der Reihenfolge fortfahren und zum Abschluss die Béchamelsoße darüber verteilen.
8. Alles für 40 Minuten im Ofen backen. Gegebenenfalls den Auflauf mit Alufolie abdecken, wenn die Béchamelsoße braun wird.

Kartoffel-Blumenkohl-Auflauf

Für 2-3 Personen

1 Blumenkohl
250 g braune Champignons
8 mittelgroße Kartoffeln
1 Zwiebel
Salz
1 Pck. veganer Reibekäse

Soße

500 ml Wasser
150 g Cashewkerne
3 EL Hefeflocken
1 ½ EL Suppengewürz

1. Backofen auf **200 °C Umluft** vorheizen.
2. Kartoffeln und Zwiebel schälen, in Stücke schneiden. Den Blumenkohl in kleine Röschen teilen. Champignons waschen und klein schneiden.
3. Zwiebel in der Pfanne mit etwas Öl glasig dünsten und dann die Champignons zugeben.
4. Für die Soße alle Zutaten in einen Mixer geben und für 1 Minute auf höchster Stufe mixen.
5. Kartoffeln, Blumenkohl & Champignons in eine Auflaufform geben, Soße darüber gießen und mit veganem Käse bestreuen.
6. Den Auflauf für **50 Minuten** überbacken. Teste nach Ablauf der Backzeit mit einem Holzspieß, ob alles weich ist.

Vegane Hackpfanne überbacken

1 Zuerst Zwiebel und Knoblauch schälen und in kleine Würfel schneiden. Den Lauch und die Frühlingszwiebeln gründlich waschen und in Scheibchen schneiden. Aubergine und braune Champignons ebenfalls waschen und in Würfel schneiden.

2 Kartoffeln schälen und 15-20 Minuten vorkochen. Es geht auch ohne Vorkochen, dazu lässt du die Hackpfanne dann einfach 50-60 Minuten im Ofen.

3 Veganes Hack in einer erhitzten Pfanne mit Öl scharf anbraten, bis es bräunlich wird. Zwiebel und Knoblauch zugeben und ebenfalls goldbraun rösten. Aubergine, braune Champignons, Lauch und Frühlingszwiebeln zum Hack geben und nochmal 5 Minuten lang gut anbraten.

4 Für die Soße alle Zutaten in einen Hochleistungsmixer geben und gut mixen.

5 In eine Auflaufform die vorbereiteten Kartoffeln geben, darüber die Hack-Gemüse-Mischung verteilen und vermengen. Soße darauf verteilen und mit veganem Käse bestreuen.

6 Alles bei **200 °C Umluft** für **30-40 Minuten** backen, bis die Kartoffeln gar sind.

Tipp

Für die Low-Carb-Variante einfach die Kartoffeln weglassen und mehr vom Gemüse zugeben.

Für 2-3 Personen

1 Zwiebel
Knoblauch
1 Stange Lauch
2 Stangen Frühlingszwiebeln
1 Aubergine
250 g braune Champignons
250 g veganes Hack
Öl zum Braten
6 mittlere Kartoffeln
1 Pck. veganer Käse zum Überbacken

Soße

130 g Cashewkerne
400 ml Wasser
1 EL Suppengewürz
3 EL Hefeflocken
1 EL Knoblauch gemahlen

Veggie

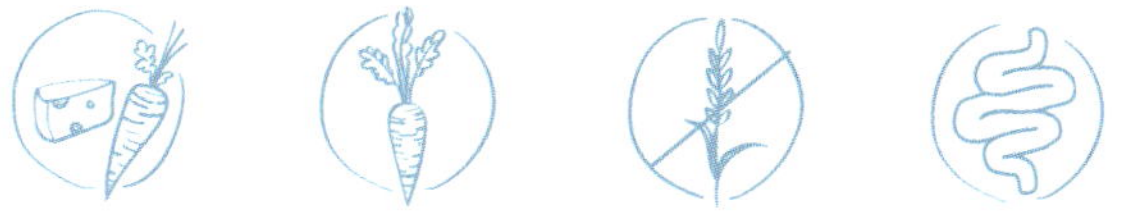

vegetarisch vegan glutenfrei histaminarm

Veganes Jack-Gulasch

„Im Gegensatz zum Rindergulasch ist dieses Rezept im Handumdrehen gekocht. Und es schmeckt so gut!"

1 Jackfruit gemäß Packungsbeilage behandeln. Ich wasche meine Jackfruit und trockne sie kurz ab. Dann zerteile ich sie mit den Händen in kleine Stücke.

2 Zwiebel und Knoblauch schälen und in kleine Würfel schneiden. Paprika waschen, entkernen und ebenfalls in Würfel schneiden. Kartoffeln schälen und in mundgerechte Stücke schneiden.

3 Öl in einer Pfanne erhitzen. Zwiebel und Knoblauch glasig dünsten. Tomatenmark zugeben und mitrösten.

4 Paprika,Kartoffeln und Jackfruit zugeben, 5 Minuten andünsten und mit Gemüsebrühe ablöschen.

5 Alle Gewürze hinzufügen und bei mittlerer Hitze 20 Minuten köcheln, bis die Kartoffeln gar sind. Am Ende nochmals abschmecken.

Tipp

Falls du eine Histaminintoleranz hast, kannst du das Tomatenmark auch weglassen.

Die Jackfruit wird in unterschiedlichsten Varianten angeboten: eingelegt, getrocknet und auch bereits gewürzt. Produkte, die ich empfehle und verwende, habe ich in einer praktischen Liste zusammengestellt. Den Link findest du auf Seite 23.

Für 2-3 Personen

1 Zwiebel
2 Knoblauchzehen
1 rote Paprika
1 grüne Paprika
400 g Jackfruit
5 mittelgroße Kartoffeln
Öl zum Anbraten
2 EL Tomatenmark (optional)
500 ml Gemüsebrühe
1 EL Paprika edelsüß
½ TL Paprika geräuchert
1 EL Kümmelsamen (optional)

Die **Jackfruit**, auch als Jackfrucht oder Brotfrucht bekannt, ist in Teilen Asiens heimisch. Im reifen Zustand schmeckt ihr Fruchtfleisch süß und erinnert an eine Mischung aus Ananas, Mango und Banane. Unreif hingegen hat sie eine fleischähnliche Textur und einen neutralen Geschmack. Genau diese Textur macht die unreife Jackfruit zu einem hervorragenden Fleischersatz. Darüber hinaus ist die Jackfruit reich an Ballaststoffen, Vitaminen sowie Mineralstoffen und hat wenig Kalorien.

Süßkartoffel Gnocchi
mit Basilikum Pesto

1 Backofen auf **200 °C Ober -/Unterhitze** vorheizen.

2 Süßkartoffel mit der Gabel einstechen und für **50 Minuten** im Ofen weich backen.

3 Süßkartoffeln kurz abkühlen lassen und pellen.

4 Diese in einer Schüssel mithilfe eines Kartoffelstampfers zerstampfen, Mehl und Salz hinzufügen. Nur kurz kneten, bis alles vermengt ist, da zu viel Mehl die Gnocchi hart werden lässt.

5 Die Arbeitsfläche mit etwas Mehl bestäuben und Teig zu fingerdicken Rollen formen. Ca. 2 cm große Stücke abschneiden und zu ovalen Nocken formen.

6 Einen großen Topf mit Wasser zum Kochen bringen und Gnocchi vorsichtig hineingleiten lassen, für 3 Minuten kochen, bis sie an der Oberfläche schwimmen.

7 Olivenöl in der Pfanne erhitzen und Gnocchi rundherum knusprig anbraten.

8 Für das Pesto alle Zutaten im Mixer pürieren.

9 Dieses zu den angerichteten Gnocchi geben und sofort servieren.

Für 3-4 Personen

Gnocchi

600 g Süßkartoffel

220 g Dinkelmehl (oder glutenfreie Mischung)

1 TL Salz

Pesto

60 g Basilikum

40 g Pinienkerne (oder Zedernüsse bei HII)

1 TL Salz

1 EL Hefeflocken

100 g Olivenöl

1 Knoblauchzehe bei Verträglichkeit

Im Highlight Veggie auf meinem Instagram-Kanal findest du eine Anleitung zu den Gnocchi.

Bunt-cremiger Nudelsalat

„Diesen Nudelsalat wirst du lieben! Man kann ihn auch super zu Einladungen mitnehmen."

1 Nudeln nach Anleitung im Salzwasser bissfest kochen.

2 Das Gemüse waschen, Paprika entkernen und in kleine Würfel schneiden.

3 Meine vegane Mayonnaise passt perfekt zu diesem Nudelsalat. Du findest sie auf Seite 35.

4 Abgekühlte Nudeln mit Gemüse und Mayonnaise mischen.

5 Den Nudelsalat bis zum Verzehr in den Kühlschrank stellen. Zum Anrichten mit gehackter Petersilie garnieren.

Tipp

Wenn du den Nudelsalat etwas saurer möchtest, kannst du gerne den Sud der Essiggurken hinzufügen. Achte darauf, dass den Gurken kein Zucker zugesetzt wurde.

Für 2-3 Personen

300 g Dinkelnudeln (oder glutenfreie Nudeln)

1 Paprika (orange oder rot)

250 g Tomaten

½ Glas Essiggurken (Abtropfgewicht 360 g)

½ Bund Petersilie

Vegane Mayonnaise

siehe Seite 35

1 Avocado

2 TL Senf mittelscharf

2 EL Apfelessig

½ TL Salz

Gemüsepuffer
mit veggie Dip

1 Kartoffeln und Karotten schälen und zusammen mit der gewaschenen Zucchini reiben oder in einem Mixer zerkleinern. Die Masse kräftig im Küchenpapier auswringen, damit die Flüssigkeit austritt.

2 Die restlichen Zutaten zugeben und gut vermengen. Eine Pfanne mit Öl erhitzen, kleine Gemüsehäufchen in die Pfanne geben und goldgelb ausbacken. Ich lege die fertigen Gemüsepuffer auf ein Küchenpapier und lasse sie ein wenig abtropfen.

3 Für den Dip die Gurke und den Knoblauch schälen und klein schneiden. Dann mit dem Joghurt und den restlichen Dip-Zutaten vermengen.

4 Salat waschen und in mundgerechte Stücke zupfen. Für das Dressing alle Zutaten mischen und über den Salat geben.

5 Puffer mit Dip und Salat servieren.

Tipp

Die Puffer richtig kross in der Pfanne ausbacken, da es besser schmeckt und sich diese leichter wenden lassen.

Für 2-3 Personen

Gemüsepuffer

500 g Kartoffeln
3 mittlere Karotten (250 g)
1 Zucchini (250 g)
3 Eier
100 g Pfeilwurzelmehl
1 TL Salz
5 Stängel Petersilie
1 EL getrockneter Majoran
Öl zum Ausbacken

Dip

250 g veganer Joghurt
¼ Gurke
2 Knoblauchzehen
1 Spritzer Zitrone
Suppengewürz nach Geschmack
Petersilie

Salatdressing

Salat nach Wahl
50 g Olivenöl
40 g Apfelessig
1 TL Senf
1/2 TL Salz
2 EL Tapiokasirup
1TL Knoblauch gemahlen

Weitere Informationen zu Tapiokasirup findest du auf Seite 39.

Bruschetta Pomodori

Inspiriert von einem italienischen Klassiker, aufgewertet durch glutenfreie Zutaten und frischen gesunden Kräutern! Passt als Beilage oder als Hauptgericht.

1. Wasser und Hefe auf 40 °C (handwarm) erwärmen. Basilikum klein hacken. Alle restlichen Zutaten für das Brot mischen, die Schüssel abdecken und für 1½ Stunden an einem warmen Ort gehen lassen.
2. Backofen auf **200 °C Umluft** vorheizen.
3. Den aufgegangenen Teig in 2 Hälften teilen und Brot daraus formen.
4. Für 35 Minuten im Ofen goldbraun backen.
5. In der Zwischenzeit Tomaten in Stücke schneiden, Basilikum klein hacken, Knoblauch pressen und zu den Tomaten geben. Mit Salz abschmecken.
6. Das Brot in Scheiben schneiden, in einer Pfanne mit etwas Öl anrösten und mit den Tomaten garnieren.

Tipp

Der glutenfreie Teig ist nicht so klebrig wie normaler Teig. Gehe daher besonders behutsam damit um.

Für 3-4 Personen

Brot

150 g Buchweizenmehl
80 g Pfeilwurzelmehl
120 g Maismehl
150 g Hafermehl
500 g Wasser
2 TL Salz
1 Würfel Hefe
2 EL Flohsamenschalen
2 TL italienische Kräuter
4 Stängel frischer Basilikum gezupft

Topping

400 g Tomaten
1 Knoblauchzehe
Salz
2 Stängel frischer Basilikum gezupft

Pfeilwurzelmehl ist eine gesunde Alternative zu anderen oftmals genmanipulierten Stärkeprodukten. Es bindet genauso gut und ist dazu noch glutenfrei.

Vegane Graupen-Auberginen

1 Graupen nach Anleitung in Salzwasser kochen.

2 Backofen auf **200 °C Umluft** vorheizen.

3 Auberginen waschen, halbieren und das Fruchtfleisch bis auf 1 cm entfernen.

4 Frühlingszwiebeln, Zwiebeln, Fruchtfleisch und Champignons klein schneiden und in einer Pfanne mit Öl ca. 5 Minuten goldgelb anbraten.

5 In der Zwischenzeit alle Zutaten für die Soße in einem Mixer mixen. Zur Gemüsepfanne geben und kurz einkochen lassen, bis die Soße eingedickt ist.

6 Auberginen mit der Mischung füllen, mit veganem Reibekäse bestreuen und **30 Minuten** goldbraun backen.

Für 2-3 Personen

2 - 3 große Auberginen
250 g braune Champignons
1 Bund Frühlingszwiebeln
1 Zwiebel
Öl zum Braten
1 große **Tasse** Graupen
1 Pck. veganer Reibekäse

Soße

400 ml Pflanzenmilch
130 g Cashewkerne
1½ EL Suppengewürz
2 EL Hefeflocken

Tipp

Du kannst gerne auch Couscous oder Reis statt der Graupen nehmen.

Blumenkohl-Schnitzel
mit Dip

„Für dieses Rezept konnte ich sogar meinen Mann begeistern, der aus der Gasthofküche nur Schweineschnitzel kannte! Probiere es unbedingt aus!"

1. Für den Dip alle Zutaten in einen Mixer geben, pürieren und kühl stellen.
2. Blätter des Blumenkohls entfernen, Strunk weitestgehend dran lassen.
3. Einen hohen Topf mit reichlich gesalzenem Wasser erhitzen, den Blumenkohl hineingeben und 5 Minuten kochen lassen. Den Blumenkohl herausnehmen und abschrecken.
4. 3 Schüsseln mit jeweils Mehl, verquirlten Eiern und Paniermehl bereitstellen.
5. Den Blumenkohl vorsichtig in ca. 1 cm dicke Scheiben schneiden.
6. Die Scheiben zuerst in Mehl, dann in Eiern und danach im Paniermehl wälzen.
7. Eine Pfanne mit Öl erhitzen und die Schnitzel goldgelb von beiden Seiten ausbacken.
8. Salat vorbereiten und mit dem Dressing würzen.
9. Schnitzel mit Dip und Salat servieren.

Für 2-3 Personen

Dip
1 Avocado
200 g Sojajoghurt
¼ Zwiebel
30 g Kapern
Salz
2 Stängel Petersilie
1 EL mittelscharfer Senf

Blumenkohl-Schnitzel
1 Blumenkohl
100 g Dinkelmehl
100 g Dinkelpaniermehl
4 Eier
Öl zum Anbraten

Salat
Gemischter Salat nach Wahl

Dressing
Dressing von Seite 85

Tipp
Den Strunk soweit es geht am Blumenkohl lassen, da er sonst beim Schneiden in kleine Stücke zerfällt.

Nasi Goreng mit Gemüse und Ei

Für 2-3 Personen

260 g Reis
1/2 Brokkoli
1/2 Bund Frühlingszwiebel
1 Paprika
1 Zucchini
3 Möhren
Öl zum Braten
2 EL Sojasoße
2 Eier
Salz

1. Reis nach Anleitung kochen.
2. Das Gemüse waschen, Möhren schälen, Paprika entkernen. Möhren in Stifte oder feine Scheiben, Paprika in Würfen schneiden.
3. Gemüse in einer Pfanne mit Öl für 5 Minuten anbraten. Herd auf schwache Hitze zurückschalten.
4. Die Eier verquirlen.
5. Den gekochten Reis zum Gemüse in die Pfanne geben. Die verquirlten Eier dazugießen und verrühren bis die Eimasse gestockt ist.
6. Sojasoße zugeben und mit Salz abschmecken.

Dinkel-Wraps

„Diese Blitz-Pizza mache ich immer, wenn ich wenig Zeit habe. Sie ist im Nu fertig und noch dazu gesund!“

1 Backofen auf **200 °C Umluft** vorheizen.

2 Alle Zutaten (bis auf die Wraps) in einen Mixer geben und auf niedriger Stufe zu einer grob stückigen Masse mixen.

3 Die fertige Masse auf den Wraps verteilen und **20-25 Minuten** im Ofen backen.

4 In der Zwischenzeit Petersilie hacken und unter den Sojajoghurt mischen. Mit den restlichen Zutaten abschmecken.

5 Die fertigen Wraps mit dem Dip sofort servieren!

Tipp

Ich empfehle dir Sojajoghurt, da er einen fein säuerlichen Geschmack hat und hervorragend als Quarkersatz zu verwenden ist!

Für 2-3 Personen

1 Pck. Dinkel Wraps ca. 225 g

Belag

1 Bund Basilikum
400 g Tomaten
1 Paprika
1 Tofu Natur 200 g
1 TL Salz
1 EL Oregano getrocknet

Dip

250 g Sojajoghurt
1 Spritzer Zitronensaft
1 TL Knoblauch gemahlen
3 Stängel Petersilie gezupft

Pasta & eine Pizza

vegetarisch vegan glutenfrei histaminarm

Spaghetti Bolognese

„Eine etwas andere Bolognese-Soße als die klassische, du wirst sie lieben!"

1. Zwiebel und Knoblauch schälen und in kleine Stücke schneiden. Zucchini und Karotten waschen und in Würfel schneiden.
2. In einer Pfanne mit Öl Zwiebel und Knoblauch glasig dünsten. Das Hackfleisch zugeben und scharf anbraten.
3. Zucchini und Karotten hinzufügen und nochmal für 4 Minuten mitbraten.
4. Apfelessig und Tomatenmark zur Gemüse-Hack-Mischung geben und 1 Minute mitrösten.
5. Mit 100 ml Gemüsebrühe, den stückigen und passierten Tomaten ablöschen. Kräuter und Salz hinzufügen und für weitere 30 Minuten köcheln lassen.
6. In der Zwischenzeit die Spaghetti nach Anleitung kochen.
7. Wenn die Soße zu dick wird, kannst du noch etwas Gemüsebrühe angießen.

Für 3-4 Personen

500 g - 600 g Dinkelnudeln (optional glutenfreie Nudeln)

500 g Rinderhackfleisch

1 Zwiebel

1 Knoblauchzehe

Öl zum Anbraten

1 große Zucchini

3 Karotten

3 EL Tomatenmark

4 EL Apfelessig

400 g passierte Tomaten

800 g stückige Tomaten

100 ml - 200 ml Gemüsebrühe

1 EL getrockneten Majoran

1 TL Salz

3 Stängel Basilikum gezupft oder 1 EL getrocknet

Tipp

Im Rezept stehen die minimalen Kochzeiten. Je länger du die Soße kochst, desto besser schmeckt sie.

Spaghetti Carbonara

„Für diese vegetarischen Spaghetti Carbonara ersetze ich den Speck durch Räuchertofu und bereite so blitzschnell eine gesunde Variante zu."

1 Veganen Parmesan (siehe Seite 43) zubereiten.

2 Nudeln nach Anleitung kochen.

3 In der Zwischenzeit Cashewkerne, vegane Milch, Hefeflocken und Suppengewürz in einen Mixer geben und mindestens 1 Minute pürieren, bis die Soße klumpenfrei ist.

4 Räuchertofu in kleine Stücke schneiden, in einer Pfanne goldgelb anbraten. Paprikagewürz zugeben und nochmal für 1 Minute mitrösten. Den Herd auf niedrige Stufe zurückschalten, damit das Ei stockt und nicht zu trocken wird.

5 Die Eier verquirlen.

6 Nun zum gebratenen Tofu die Nudeln geben, sowie die gemixte Soße und die verquirlten Eier. Bei Bedarf Herd nochmal kurz einschalten, falls die Pfanne zu sehr abgekühlt ist. Alles vermengen, bis die Eier gestockt sind.

7 Mit veganem Parmesan garnieren.

Für 2-3 Personen

500 g Dinkelnudeln (optional glutenfreie Nudeln)

30 g Cashewkerne

130 g vegane Milch

2 EL Hefeflocken

1 EL Suppengewürz

200 g Räuchertofu

½ TL Paprika edelsüß

2 Eier

Veganer Parmesan siehe Seite 43

Tipp

Das Rösten des Tofus bringt nochmal sehr viel Geschmack in deine Nudeln, falls du jedoch sehr in Eile bist, geht es natürlich auch mal ohne.

Pasta al Salmone

Für 2-3 Personen

500 g Dinkelnudeln (oder glutenfreie Nudeln)
70 g Cashewkerne
350 ml Wasser
3 EL Hefeflocken
2 TL Suppengewürz
1 TL Dill getrocknet
250 g Lachsfilet

1 Nudeln nach Anleitung kochen.

2 Lachs in mundgerechte Stücke schneiden.

3 Cashewkerne im Mixer zerkleinern. Wasser, Hefeflocken und Suppengewürz hinzufügen und nochmal vermengen.

4 Die Soße in einer Pfanne erhitzen, Dill daruntermischen und den Lachs zur Soße geben. Alles für 4 Minuten köcheln lassen, bis der Lachs durch ist.

5 Nudeln abseien und ebenfalls in die Pfanne geben und alles vermengen.

Tipp

Für die vegane Variante kannst du auch veganen Lachs nehmen, dies verändert allerdings den Geschmack.

Trüffelpasta Motovun

„Da wir jedes Jahr nach Motovun fahren (die Stadt der Trüffel in Kroatien), musste die Trüffelpasta unbedingt in mein Kochbuch!"

1 Nudeln nach Anleitung kochen.

2 Für die Soße die Cashewkerne, vegane Milch und Hefeflocken in einem Hochleistungsmixer mixen.

3 Die Mischung in einen Topf geben, aufkochen lassen und die Hitze zurückdrehen.

4 Trüffelcreme hinzufügen und die Soße mit Suppengewürz abschmecken.

5 Die fertigen Nudeln mit der Soße auf einem Teller anrichten und mit Trüffelöl beträufeln. Mit einem Hobel den Trüffel darüber reiben.

Für 2-3 Personen

500 g Dinkelnudeln (optional glutenfreie Nudeln)

Soße

20 g Cashewkerne
250 ml vegane Milch
3 EL Hefeflocken
Suppengewürz nach Geschmack
3 EL Trüffelcreme
Trüffelöl
Trüffel (optional)

Tipp

Kaufe am besten ein Trüffelöl mit echtem Trüffel. Die anderen Öle enthalten meist nur Aroma und das merkt man dann am Geschmack. Ganze Trüffel werden oft eingelegt angeboten.

Lasagne Di Verdure

„Diese Lasagne hat bei uns die Variante mit Fleisch vom ersten Platz verdrängt. Sogar mein Mann bevorzugt sie!"

1 Aubergine und Zucchini waschen und in Scheiben schneiden.

2 In einer Pfanne mit Öl alle Scheiben von beiden Seiten scharf anbraten und auf einen Teller, der mit Küchenpapier ausgelegt ist, geben. Man benötigt beim Bratvorgang mehr Öl, das dann aber vom Küchenpapier aufgesaugt wird.

3 Für die Tomatensoße Zwiebel und Knoblauch schälen und in kleine Würfel schneiden. In einer Pfanne mit Öl goldbraun anbraten. Mit den stückigen Tomaten ablöschen. Mit Salz abschmecken und für 2 Minuten köcheln lassen. Anschließend mit 5 bis 6 Blättern Basilikum würzen.

4 Ofen auf **200 °C Umluft** vorheizen.

5 Für die Béchamelsoße vegane Butter in einem Topf schmelzen. Mehl zugeben, verrühren und vom Herd nehmen. Zügig eine kleine Menge an Milch zugeben und sehr schnell verquirlen, damit sich keine Klumpen bilden, bis alle Milch aufgebraucht ist. Topf wieder auf den Herd stellen und Suppengewürz zugeben. Kurz aufkochen lassen, bis die Soße angedickt ist.

Fortsetzung auf der nächsten Seite.

Für 3-4 Personen

1 große Aubergine

1 große Zucchini

Öl zum Anbraten

Dinkellasagneplatten (optional glutenfreie Lasagneplatten)

Veganer Käse

Tomatensoße

1 Zwiebel

2 Knoblauchzehen

Basilikum frisch oder getrocknet

1 TL Salz

800 g stückige Tomaten

Béchamelsoße

40 g vegane Butter

500 ml vegane Milch

3 EL Mehl

3 TL Suppengewürz

Lasagne Di Verdure
Fortsetzung

6 In eine Auflaufform ⅓ der Tomatensoße, darüber ⅓ der Béchamelsoße gießen, mit Lasagneplatten belegen und darauf die Hälfte des Gemüses verteilen.

7 Darauf folgt das nächste Drittel der Tomaten- und Béchamelsoße und wieder eine Schicht Lasagneplatten. Diese werden mit den restlichen Auberginen und Zucchini belegt. Die restliche Soße verteilen und mit einer Schicht Lasagneplatten enden.

8 Zum Schluss mit veganem Käse bestreuen und im Ofen **35 Minuten** backen.

Hista-Lasagne

„Diese Variante ist für alle HIIT´s unter uns, die auch so gerne wie ich Lasagne essen! “

Für 2-3 Personen

2 Paprika, rot oder gelb
1 große Zucchini
2 Karotten
Öl zum Anbraten
4 Stängel Basilikum
1 EL Suppengewürz
250 g Rinderhackfleisch
1 EL Oregano
1 TL getrockneten Majoran
Dinkellasagneplatten
1 Pck. veganer Käse (ca. 180 g)

Béchamelsoße

40 g vegane Butter
500 ml vegane Milch
3 EL Mehl
3 TL Suppengewürz

1. Ofen auf **200 °C Umluft** vorheizen.
2. Gemüse waschen, Paprika entkernen, alles grob zerkleinern und in einer Pfanne mit Öl 5 Minuten scharf anbraten.
3. Das gebratene Gemüse in einen Mixer geben, Suppengewürz und Basilikum hinzufügen und zu einer Soße pürieren.
4. Hackfleisch in der Pfanne scharf anbraten, bis es leicht bräunlich ist.
5. Die pürierte Soße zum Fleisch geben und ggf. mit Salz nachwürzen. Oregano und Majoran unter die Masse mischen und kurz aufkochen lassen.
6. Für die Béchamelsoße vegane Butter in einem Topf schmelzen. Mehl zugeben, verrühren und vom Herd nehmen. Zügig kleine Mengen an Milch zugeben und sehr schnell verquirlen, damit sich keine Klumpen bilden, bis alle Milch aufgebraucht ist.
7. Topf wieder auf den Herd stellen und Suppengewürz zugeben. Kurz aufkochen lassen, bis die Soße angedickt ist.
8. In eine Auflaufform zuerst die Fleischsoße verteilen, darüber die Béchamelsoße und darauf die Lasagneplatten. So lange fortfahren, bis alles aufgebraucht ist.
9. Mit veganem Käse bestreuen und **35 Minuten** backen.

Tipp

Das scharfe Anbraten des Gemüses und Fleisches bringt nochmal richtig leckere Röstaromen in die Soße! Daher kannst du beruhigt alles richtig goldbraun braten.

Pizza Verdure

Pizza lieben alle und diese kann jeder nach seinem Geschmack belegen!

1 Ofen auf **200 °C Umluft** vorheizen.

2 Für den Teig alle Zutaten vermengen.

3 Für die Soße alle Zutaten in einen Mixer geben und zu einer Soße verarbeiten.

4 Den Teig in zwei Teile teilen und ausrollen.

5 Die Soße darüber verteilen und nun die Pizza beliebig belegen. Mit veganem Streukäse toppen und für 15 - 20 Minuten backen.

Tipp

Du kannst den Belag beliebig auswählen. Achte bei dem veganen Käse auf die Nährwerttabelle, damit kein Zucker zugesetzt wurde. Den Link zu einer von mir entworfenen Lebensmittelliste findest du auf Seite 23 .

Für 2-3 Personen

Pizzateig

250 g Maismehl
250 g Buchweizenmehl
300 g Wasser
1 Würfel Hefe
2 TL Salz
30 g Olivenöl
3 EL Flohsamenschalen

Pizzasoße

1 Dose stückige Tomaten
1 Zwiebel
1 Knoblauchzehe
3 EL Tomatenmark
½ TL Salz
2 TL Oregano
5 Blätter frischer Basilikum

Belagvorschläge

Aubergine
Zucchini
Zwiebel
Tomaten
Mais
Braune Champignons
Veganer Käse zum Überbacken

Garlic Noodles

„Dieses Rezept gibt es immer an Tagen, an denen ich sehr wenig Zeit zum Kochen habe. Man benötigt nicht viele Zutaten und es ist im Handumdrehen gezaubert!"

1 Nudeln nach Anleitung kochen.

2 In der Zwischenzeit die beiden Paprika waschen, entkernen und in Würfel schneiden, Frühlingszwiebeln in Scheiben schneiden sowie den Pak Choi waschen und klein schneiden. Dabei den grünen Teil des Pak Chois vom weißen trennen. Knoblauch klein schneiden.

3 In einer Pfanne Öl erhitzen und das vorbereitete Gemüse, bis auf den grünen Teil des Pak Chois, darin für 3 Minuten scharf anbraten. Hitze zurückdrehen und weitere 3 Minuten braten. Herd abschalten.

4 Für die Soße alle Zutaten verquirlen und zum gebratenen Gemüse geben.

5 Die gekochten Nudeln zugeben sowie den grünen Teil des Pak Chois und alles vermengen.

Für 2-3 Personen

500 g Dinkelnudeln (oder glutenfreie Nudeln)

1 rote Paprika

1 grüne Paprika

4 Knoblauchzehen

1 Bund Frühlingszwiebeln

3 - 4 Blätter Pak Choi

1 Pck. Garnelen (optional)

Öl zum Anbraten

Soße

80 g Tamari oder Sojasoße

30 g Tapiokasirup

2 EL Limettensaft (oder Zitronensaft)

Mehr zu Tapiokasirup erfährst du auf Seite 39.

Tipp

Die Soße erst dann zugeben, wenn die Pfanne etwas abgekühlt ist. Die Sojasoße enthält gesunde Lebendkulturen, die bei starker Hitze absterben.

Fleischeslust

vegetarisch vegan glutenfrei histaminarm

Fruchtiges Rindergulasch

Dieses Gulasch habe ich für meinen Ehemann perfektioniert, denn er mochte es bei sich zuhause nie. Jetzt könnte er es jeden Tag essen!

1 Wenn nötig, Rindfleisch von Fett und Fasern befreien. Das Fleisch in gleich große Würfel schneiden, mein Richtwert sind 3 cm. Du kannst es natürlich auch schon geschnitten kaufen.

2 Paprika entkernen, dann Zwiebel, Knoblauch und Paprika in Würfel schneiden.

3 In einem Bräter das Rindfleisch mit Öl von allen Seiten scharf anbraten. Fleisch aus dem Bräter nehmen.

4 Zwiebel und Knoblauch goldgelb anbraten.

5 Tomatenmark zugeben und für 1 Minute mitrösten.

6 Fleisch hinzugeben und mit Rotwein ablöschen. Ca. 1 Minute köcheln lassen; dann Gemüsebrühe, stückige Tomaten und Paprika zugeben. Wer die Paprika etwas bissfester mag, erst in der letzten halben Stunde der Garzeit zugeben.

7 Salz und Gewürze zugeben und bei geringer Hitze 1½ Stunden garen.

8 In der Zwischenzeit die Nudeln nach Anleitung kochen.

9 Am Ende der Garzeit das Gulasch nochmals abschmecken und ggf. nachwürzen. Gulasch mit Nudeln auf einem Teller anrichten.

Für 3-4 Personen

Gulasch

500 g Rindfleisch
Öl zum Anbraten
2 Zwiebeln
1 Knoblauchzehe
1 grüne Paprika
1 rote Paprika
3 EL Tomatenmark
1 EL Paprika edelsüß
100 ml Rotwein oder
50 ml Balsamico
100 ml Gemüsebrühe
1 Dose stückige Tomaten
2 TL Salz
1 Prise Paprikapulver rosenscharf (optional)

Als Beilage

300 g Dinkelnudeln oder glutenfreie Nudeln

Tipp

Das Fleisch schon ½ Stunde vor Zubereitung aus dem Kühlschrank nehmen. Sollte dir das Gulasch nach einer Stunde noch zu flüssig sein, kannst du es ohne Deckel die letzte Stunde lang weitergaren.

Asia-Pfanne Satay

1 Den Reis nach Anleitung kochen.

2 Zwiebel, Knoblauch und Karotten schälen und klein schneiden bzw. Karotten stifteln (oder in feine Scheiben schneiden). Restliches Gemüse waschen, Brokkoli in mundgerechte Röschen teilen. Frühlingszwiebel und Zucchini in Streifen schneiden.

3 Rindfleisch in mundgerechte Stücke schneiden und in einer Pfanne mit Öl ca. 3-4 Minuten anbraten (je nach Geschmack medium oder durch). Fleisch beiseitestellen.

4 In derselben Pfanne das ganze Gemüse für 5 Minuten dünsten, bis es weich ist.

5 In der Zwischenzeit alle Zutaten für die Soße in einem Mixer pürieren.

6 Fleisch und Soße zum Gemüse geben und mit dem Reis servieren.

Für 2-3 Personen

400 g Rindfleisch zum Kurzbraten

1 Zucchini

1 Brokkoli

3 Karotten

1 Frühlingszwiebel

1 Knoblauchzehe

1 Tasse Reis

Soße

3 EL Tamari

60 g Erdnussmus

1 Knoblauchzehe

1 Stück Ingwer

2 EL Tapiokasirup

Weitere Informationen zu Tapiokasirup findest du auf Seite 39.

Tipp

Ich verwende für dieses Rezept gerne eine Rinderlende, diese eignet sich hervorragend und hat wenig Fett.

Bunte Hick-Hack-Pfanne

„Bei diesem Gericht kommen Kindheitserinnerungen hoch. Meine Mama nannte es so und kochte es bestimmt einmal pro Woche für uns! Wir alle liebten es!"

Für 2-3 Personen

1 Tasse Reis
300 g Rinderhackfleisch
2 Zwiebeln
2 Knoblauchzehen
Öl zum Anbraten
3 EL Tomatenmark
1 rote Paprika
1 gelbe Paprika
1 grüne Paprika
800 g stückige Tomaten
1 EL Majoran
Kräuter nach Belieben
Salz

1 Reis nach Anleitung kochen.

2 Zwiebeln und Knoblauch schälen, in kleine Stücke schneiden. Paprika waschen, entkernen und in Würfel schneiden.

3 Zwiebeln und Knoblauch in einer Pfanne mit Öl scharf anbraten. Rinderhack hinzufügen und ebenfalls braten, bis es schön bräunlich ist.

4 Tomatenmark und Paprika in die Pfanne geben und nach 2 Minuten mit den stückigen Tomaten ablöschen.

5 Nun mit Kräutern und Salz würzen und für 10 Minuten köcheln lassen.

6 Das Hick-Hack mit Reis servieren.

Tipp

Ich nehme gerne Bio-Basmatireis, der gibt dem Gericht einen besonders intensiven Geschmack!

Hista Chili con carne

Für alle mit Histaminintoleranz habe ich ein leckeres Chili-Rezept entworfen, das dem Original sehr nahe kommt!

Für 3-4 Personen

500 g Rinderhackfleisch
1 weiße Zwiebel
1 große Süßkartoffel
2 Paprika (rot und gelb)
1 kleines Glas Mais (230 g Abtropfgewicht)
1 Glas Kidneybohnen (220 g Abtropfgewicht)
2 EL Paprikamark
600 ml Wasser
3 TL Suppengewürz
2 TL Paprika edelsüß
1 TL Majoran, frisch oder getrocknet
Petersilie

1 Zwiebel schälen, klein schneiden. Paprika waschen, entkernen und in Würfel schneiden. Süßkartoffel schälen und in Würfel schneiden.

2 Zwiebel in einer Pfanne mit Öl glasig dünsten, Hackfleisch zugeben und scharf anbraten.

3 Paprika edelsüß für 1 Minute mitrösten. Das Gemüse in die Pfanne geben und mit Wasser ablöschen.

4 Suppengewürz, Paprikamark und Majoran daruntermischen. 30 Minuten leise köcheln.

5 Vor dem Servieren nochmal abschmecken und mit etwas gehackter Petersilie anrichten.

Tipp

Du kannst die Kidneybohnen bei Unverträglichkeit auch durch Kartoffeln ersetzen. Die weiße Zwiebel ist bei Histaminintoleranz in den meisten Fällen gut verträglich.

Schön verpackt, können die Rouladen angebraten werden.

Omas Rouladen
mit Blaukraut und Kartoffelknödel

„Schon meine Großmutter hat dieses leckere Rezept gezaubert. Es wird von Generationen zu Generation weitergegeben und ist als Sonntagsessen zur kalten Jahreszeit sehr beliebt!"

Für 2-3 Personen

Blaukraut
500 g Rotkohl
2 Äpfel
1 Zwiebel
30 g Xylit
30 ml Rotweinessig
150 ml Rotwein
1 Lorbeerblatt
1 TL Suppengewürz
1 Nelke

Rouladen
4 - 6 Rindsrouladen
12 Scheiben Rinderspeck
4 große Zwiebeln
1 Glas Essiggurken (zuckerfrei)
Senf mittelscharf (zuckerfrei)
Salz & Pfeffer

Blaukraut

1. Rotkohl und Äpfel fein schneiden oder hobeln. Zwiebel ebenfalls in Würfel schneiden.
2. Öl in einem Topf erhitzen und Zwiebel glasig dünsten. Rotkohl zugeben, nochmal 3 Minuten mit anbraten.
3. Nun Äpfel und die restlichen Zutaten in den Topf geben und ca. 2 Stunden mit geschlossenem Deckel köcheln lassen. Das fertige Blaukraut nochmals abschmecken.

Rinderroulade & Soße

1. Die Rinderrouladen waschen und mit Küchenkrepp trockentupfen, mit dem Fleischklopfer klopfen.
2. Zwiebeln und Essiggurken in kleine Würfel schneiden.
3. Rouladen nun beidseitig salzen und pfeffern und die Belagseite dünn mit Senf bestreichen. Mit dem Speck belegen und mittig der Länge nach die Zwiebeln und Essiggurken verteilen.
4. Nun aufrollen (von der breiteren Seite her beginnen, sonst fällt die Füllung raus) und mit Fleischspießen fixieren. Nochmal die Außenseite mit Senf bestreichen.
5. Karotten und Sellerie in Würfel schneiden.
6. In einem Bräter mit Öl die aufgerollten Rouladen kurz von jeder Seite anbraten. Mit ½ Liter Wasser ablöschen, Karotten und Sellerie zugeben und mit geschlossenem Deckel für mindestens 1 ½ Stunden schmoren lassen.

Fortsetzung auf der nächsten Seite.

Omas Rouladen
Fortsetzung

Kartoffelknödel

1 In der Zwischenzeit Kartoffeln kochen, pellen und mit einem Stampfer die gekochten Kartoffeln stampfen.

2 Pfeilwurzelmehl, Salz, Muskat, Ei und vegane Butter zugeben und mit den Händen vermengen (Vorsicht heiß!).

3 Einen Topf mit reichlich Salzwasser aufkochen, Knödel aus dem Teig formen und ins kochende Wasser geben. Herd nun auf mittlere Stufe zurückdrehen (es darf nicht mehr kochen) und für 20 Minuten ziehen lassen.

Rinderroulade & Soße finalisieren

1 Die fertigen Rouladen nun aus dem Bräter nehmen und die verbliebene Soße mit einem Stabmixer pürieren. Die Soße wird nun dicker. Mit Crème fraîche, Salz und Pfeffer abschmecken.

Rouladen mit Kartoffelknödel, Blaukraut und Soße servieren.

Soße

4 Karotten

1/2 Knollenerie

1/2 Liter Wasser

2 EL vegane Crème fraîche

Salz & Pfeffer

Kartoffelknödel

600 g Kartoffeln (mehlig kochend)

100 g Pfeilwurzelmehl

Salz

Muskat

1 Ei

1 EL vegane Butter

Tipp

Das Blaukraut schmeckt am besten, wenn es am vorigen Tag vorbereitet wurde und nochmal aufgewärmt wird.

Achte beim Kauf von Senf und Essiggurken darauf, dass kein Zucker zugesetzt wurde. Den Link zu einer von mir empfohlenen Lebensmittelliste findest du auf Seite 23.

Eine Anleitung für die Rouladen findest du auch in meinen Highlights auf Instagram.

Süße Hauptgerichte

vegetarisch vegan glutenfrei histaminarm

Dampfnudeln mit Vanillesoße

„Dieses Gericht bringt bei uns immer die ganze Familie zusammen, denn sogar mein Schwiegervater liebt es. Du wirst keinen großen Unterschied zum „Original" feststellen."

1 Für den Teig die Datteln mit der Milch auf 40 Grad erwärmen und dann mit einem Pürierstab pürieren.

2 Die vegane Butter schmelzen.

3 Mehl, Hefe, die geschmolzene Butter und das Ei zu der Dattelmilch geben und mit einem Knethaken vermengen, bis der Teig nicht mehr an der Schüssel kleben bleibt. Bei Bedarf mehr oder weniger Milch zugeben (variiert je nach Pflanzenmilch).

4 Den Teig mit einem Geschirrtuch abdecken und an einem warmen Ort (ohne Zugluft) 1 Stunde gehen lassen, bis sich der Teig verdoppelt hat.

5 Diesen auf eine bemehlte Arbeitsfläche geben, in 8 Teile schneiden und zu einzelnen Knödeln formen.

6 Eine Pfanne mit hohem Rand zu 1/3 mit veganer Milch füllen und die vegane Butter zugeben und schmelzen lassen.

Fortsetzung auf der nächsten Seite.

Hefegärung

Die Hefegärung benötigt zwar Zucker, dieser muss allerdings nicht als solcher hinzugefügt werden; er kann auch nur aus dem Getreidemehl gewonnen werden. Datteln verwende ich, da der enthaltene Fruchtzucker den Teig schneller gehen lässt.

Für 3-4 Personen

Teig

600 g Mehl

1 Würfel Hefe

3 Datteln, getrocknet

350 g - 400 g vegane Milch

1 EL vegane Butter

1 Ei

Fortsetzung nächste Seite

Dampfnudeln
Fortsetzung

7 In der Zwischenzeit die Äpfel schälen und in dünne Scheiben in die Pfanne zur Pflanzenmilch und Butter geben.

8 Alles aufkochen lassen und zügig die geformten Dampfnudeln in die Pfanne geben. Sofort Deckel aufsetzen und die Hitze auf halbe Stufe zurückdrehen. Den Deckel bis zum Ende der Garzeit unbedingt geschlossen halten!

9 Alles 30 Minuten lang köcheln lassen.

Tipp

Die Äpfel sollten nicht zu saftig sein, da sie sonst zu viel Flüssigkeit abgeben und die Konsistenz der Dampfnudeln verändern können. Ich nehme gerne die Sorte Jonagold.

Apfelbett

3 Äpfel (nicht zu saftig)

300 ml Pflanzenmilch für die Pfanne

3 EL vegane Butter

Vanillesoße

600 ml Pflanzenmilch

130 g Cashewkerne

4 EL Erythrit

½ TL gemahlene Vanille

Germknödel mit Powidl

1 Die Hefeteigherstellung funktioniert wie im Dampfnudelnrezept auf Seite 133.

2 Aus dem gegangenen Teig 8 Teile schneiden und zu flachen Tellern formen. Jeweils 1 EL Zwetschgenmarmelade in die Mitte des Teiges geben und zu einer Kugel formen. Darauf achten, dass die Marmelade komplett eingeschlossen ist.

3 Eine Pfanne mit hohem Rand zu ⅓ mit Pflanzenmilch füllen, die vegane Butter zugeben und schmelzen lassen.

4 Alles aufkochen lassen und zügig die geformten Knödel in die Pfanne geben. Sofort Deckel aufsetzen und die Hitze auf halbe Stufe zurückdrehen. Alles **30 Minuten** köcheln lassen. Den Deckel bis zum Ende der Garzeit unbedingt geschlossen halten!

5 In der Zwischenzeit alle Zutaten für die Vanillesoße in den Mixer geben und zu einer Soße pürieren. Diese dann in einem Topf aufkochen lassen, bis sie eine festere Konsistenz hat.

6 Für das Mohnzucker-Topping Pudererythrit mit Mohn vermischen.

7 Auf einem tiefen Teller die Germknödel mit Vanillesoße anrichten und mit Mohnzucker bestreuen. Guten Appetit!

Tipp
Hefeteig mag gerne warme Plätze ohne Zugluft!

Für 3-4 Personen

Teig
600 g Mehl
1 Würfel Hefe
3 Datteln, getrocknet
350 g - 400 g Pflanzenmilch
1 EL vegane Butter
1 Ei

Powidlbett
Powidl, zuckerfrei oder zuckerfreie Zwetschgenmarmelade
300 ml vegane Milchalternative für die Pfanne
3 EL vegane Butter

Vanillesoße
600 ml vegane Milch
130 g Cashewkerne
4 EL Erythrit
½ TL gemahlene Vanille

Topping
30 g Pudererythrit
20 g Mohn

Rezept für Powidl in meinen Reels auf Instagram.

Süßer Pfirsichauflauf

„Diesen Auflauf hat mir meine Mama als Kind schon immer gebacken und ich liebe ihn bis heute!"

Für 2-3 Personen

80 g vegane Butter
3 Eier
100 g Erythrit
100 g Pflanzenmilch
80 g Mehl
1/2 TL Backpulver
1 Dose Pfirsiche (250 g Abtropfgewicht)

1 Den Ofen auf **160 °C Ober-/Unterhitze** vorheizen.

2 Die Pfirsiche abtropfen und die Flüssigkeit auffangen.

3 Alle Zutaten für den Teig verrühren.

4 Die Pfirsiche in Streifen schneiden und in einer Auflaufform verteilen.

5 Teig über die Pfirsiche geben und in ca. **50 Minuten** goldgelb backen.

Tipp

Du kannst statt der Pfirsiche auch anderes Obst verwenden. Beim Kauf der Pfirsiche solltest du darauf achten, dass diese ohne Zucker, am besten im Glas, eingelegt wurden.

Judiths traditioneller Kaiserschmarrn mit Apfelkompott

Apfelkompott

1 Äpfel schälen, Kerngehäuse entfernen und in Stücke schneiden.

2 Wasser mit Zitronensaft, Äpfeln, Xylit und den Gewürzen in einen Topf geben. Kurz aufkochen lassen, Temperatur reduzieren und 20 Minuten köcheln lassen.

3 Bis der Kaiserschmarrn fertig ist, kann das Apfelkompott auskühlen. Vergesst nicht, Zimt & Nelken zu entfernen.

Kaiserschmarrn

1 Zunächst die Eier trennen. Eigelb mit gemahlener Vanille, Erythrit, Pflanzenmilch, Dinkelmehl vermengen, Butter schmelzen und ebenfalls unterrühren.

2 Eiweiß zu Schnee schlagen und unter die Masse heben.

3 In einer Pfanne 1 EL vegane Butter schmelzen und Teig in die Pfanne gießen. Bei mittlerer Temperatur goldbraun backen. Der Teig sollte jetzt 2 cm oder höher sein. Diesen in 4 Hälften teilen, so gelingt das Wenden leichter. Und auch die Rückseite goldbraun backen. Zum Schluss wird alles in kleine Stücke zerrupft.

4 Ca. 2 EL Tapiokasirup über den Kaiserschmarrn geben und karamellisieren lassen.

5 Wer mag, kann den Kaiserschmarrn mit Pudererythrit bestäuben und dann mit Apfelkompott servieren.

Tipp

Die vegane Butter kannst du weglassen, wenn du Fett einsparen möchtest, jedoch schmeckt der Kaiserschmarrn dann nur halb so gut.

Für 3-4 Personen

Apfelkompott

600 g Äpfel
200 ml Wasser
1½ EL Zitronensaft
2 EL Xylit
4 Nelken
1 Stange Zimt

Kaiserschmarrn

3 Eier
½ TL gemahlene Vanille
1 EL Erythrit
250 ml Pflanzenmilch
160 g Dinkelmehl oder glutenfreie Mischung
1 EL zerlassene vegane Butter
2 EL Tapiokasirup
ggf. Pudererythrit

Weitere Informationen zu Tapiokasirup findest du auf Seite 39.

Zwetschgennudeln

„Die Zwetschgennudeln essen wir nach einer Familientradition zu Tomatensuppe oder Kartoffelsuppe. Du kannst sie aber auch als Snack oder zum Kaffee genießen."

Für 3-4 Personen

Teig

600 g Mehl
1 Würfel Hefe
1 Prise Salz
3 Datteln
350 ml Pflanzenmilch
1 EL vegane Butter
1 Ei
2 EL Erythrit

Zwetschgenfüllung

20 Zwetschgen
5 EL vegane Butter
Pudererythrit nach Geschmack

1 Datteln mit der Milch auf 40 Grad erhitzen, vom Herd nehmen und pürieren.

2 In einer Rührschüssel vegane Butter, Erythrit, Salz, Ei und Hefe mit der Dattel-Milchmischung verrühren.

3 Dann Mehl hinzufügen und alle Zutaten gut verkneten. Den Teig für eine ½ Stunde abgedeckt mit einem Tuch ruhen lassen. Er muss doppelt so groß werden.

4 In der Zwischenzeit die Zwetschgen waschen, aufschneiden und entkernen.

5 Ofen auf **200 °C Umluft** vorheizen.

6 Einen rechteckigen Bräter (Reindl) mit 4 EL veganer geschmolzener Butter einfetten.

7 Teig in 10 Teile teilen und zu runden Tellern mit einem Durchmesser von ca. 10 cm formen.

8 Jedes Stück mit 2 Zwetschgen belegen und zu einem Päckchen formen, sodass die Zwetschgen komplett eingeschlossen sind.

9 Alle 10 Nudelpäckchen in den Bräter geben und für ca. 35 Minuten im Ofen goldgelb backen. In den letzten 5 Minuten 1 EL Butter über den Nudeln schmelzen lassen.

10 Nudeln stürzen und mit Pudererythrit nach Belieben süßen.

Tipp

Den genauen Vorgang findest du auf meinem Instagram-Account unter dem Highlight „Süße Hauptspeisen", solltest du eine Anleitung benötigen.

Mehr zum Rezept Zwetschgennudeln auf Instagram.

Alpenzauber Apfelstrudel

„Diesen Apfelstrudel liebe ich seit meiner Kindheit. Er ist sehr einfach zuzubereiten und schmeckt so unglaublich lecker.“

1 Alle Zutaten für den Teig kneten, bis er glatt ist. Mit Öl bestreichen, damit er nicht austrocknet und mit einem Tuch abdecken. 30 Minuten ruhen lassen.

2 Arbeitsplatte mit reichlich Mehl bestäuben. Teig in 3 Teile teilen und jeweils ausrollen.

3 Vegane Butter schmelzen und 50 g davon in eine Auflaufform geben, den anderen Teil auf den 3 Teigen verstreichen.

4 Äpfel schälen, entkernen und in Scheiben auf den Teigen verteilen. Zusammenrollen und in die Auflaufform geben.

5 200 ml Pflanzenmilch darüber gießen und ca. **35 Minuten** goldgelb backen. Die letzten 5 Minuten nochmal 1 EL vegane Butter verteilen.

Für 2-3 Personen

Teig

300 g Dinkelmehl 630

140 ml Wasser

1 Prise Salz

2 EL Öl

Füllung

50 g vegane Butter für die Form

90 g vegane Butter auf den Teig

6 Äpfel

300 ml Pflanzenmilch

Tipp

Den Strudelteig weitestgehend mit dem Nudelholz dünn ausrollen und danach mit den Händen auseinanderziehen, bis er durchsichtig ist.

Backen und süße Leckereien

vegetarisch vegan glutenfrei histaminarm

Zitronenkuchen

„Dieser Zitronenkuchen ist schnell gebacken und kommt bei Groß & Klein immer gut an."

1 Erythrit und Xylit mit der Schale einer unbehandelten Zitrone zu Puder mixen.

2 Den Zitronenpuder zusammen mit der Butter und den Eiern in einer Schüssel verrühren.

3 Pflanzenmilch, Mehl und Backpulver zugeben und alle Zutaten zügig glatt rühren.

4 Den Teig in eine gefettete Kastenform geben und bei **180 °C Ober/-Unterhitze** ca. **50 - 60 Minuten** backen (Stäbchenprobe). Falls der Kuchen zu braun wird, deckst du ihn mit Alufolie ab. Den fertigen Kuchen lässt du in der Form auskühlen und stürzt ihn dann.

5 Für die Glasur das Erythrit und Xylit zu Puder mixen und mit 25 g Zitronensaft verrühren. Die Mischung sollte dickflüssig sein. Dann die Glasur mit einem Pinsel auftragen.

Tipp

Falls du den Kuchen etwas süßer möchtest, füge Xylit hinzu. Bei einer Überdosierung von Erythrit bekommt der Kuchen sonst einen bitteren Geschmack.

Teig

160 g vegane Butter + Butter zum Einfetten der Form

90 g Erythrit

70 g Xylit

Schale einer unbehandelten Zitrone

3 Eier

160 g Pflanzenmilch

330 g Dinkelmehl oder glutenfreie Mehlmischung

1 Pck. Backpulver

Glasur

90 g Erythrit

60 g Xylit

25 g Zitronensaft

Kastenform 30 x 5 x 7

Nusskuchen

1 Backofen auf **180 °C Ober-/Unterhitze** vorheizen.

2 Erythrit und Xylit zu Puder mahlen.

3 Vegane Butter, Eier sowie Pudererythrit und -xylit verrühren.

4 Alle restlichen Zutaten hinzufügen und kurz vermengen.

5 Die Masse in eine Kastenform geben und **60 Minuten** lang backen. Stäbchenprobe vorher machen!

6 Für die Glasur alle Zutaten mischen, bis die Masse eine cremige Konsistenz hat. Diese über den abgekühlten Kuchen streichen.

Tipp

Alle Zutaten eine ½ Stunde vor Verarbeitung aus dem Kühlschrank nehmen und den Teig nur kurz verrühren.

Teig

220 g vegane Butter
120 g Erythrit
80 g Xylit
4 Eier
200 g gemahlene Haselnüsse
230 g Dinkelmehl (optional glutenfreie Mehlmischung)
1 Pck. Backpulver
120 g Pflanzenmilch

Glasur

150 g Pudereryhtrit
50 g Haselnussmus
1 TL gemahlene Vanille
5 EL Wasser

Kastenform 30 x 5 x 7

Judiths Streuselapfelkuchen

„Dieser Apfelkuchen ist bei meiner ganzen Familie sehr beliebt. Den musst du unbedingt nachmachen!"

1. Die Kuchenform gut einfetten und den Ofen auf **180 °C Ober-/Unterhitze** vorheizen.
2. Für den Teig alle Zutaten mischen. ⅔ des Teigs werden zum Kuchenboden und ⅓ benötigen wir für die Streusel
3. ⅔ des Teiges in die Backform geben und andrücken.
4. Für die Füllung Äpfel schälen, klein schneiden und mit Zimt und Zitronensaft mischen. Rosinen zugeben.
5. Apfelmischung in die Backform geben und das restliche Drittel des Teigs als Streusel darüber streuen.
6. Für **45 Minuten** im Ofen backen.

Tipp

Bei Histaminintoleranz kannst du statt Buchweizenmehl auch 300 g Hafermehl verwenden und den Spritzer Zitronensaft weglassen.

Teig

150 g Hafermehl
150 g Buchweizenmehl
150 g desodoriertes Kokosöl
80 g Pudererythrit
50 g Puderxylit
1 Pck. Backpulver
1 TL gemahlene Vanille
1 TL Ceylon Zimt
1 TL Pfeilwurzelmehl (oder Maismehl)
2 EL Wasser

Füllung

800 g Äpfel
1 TL Zimt
1 Spritzer Zitronensaft
Rosinen nach Belieben

Kuchenform Ø 22 cm

Desodoriertes Kokosöl ist geschmacksneutral. Durch den Vorgang der Desodorierung werden geruchs- und geschmacksintensive Begleitstoffe entzogen.

Himbeer-Semifreddo

„Semifreddo bedeutet Halbgefrorenes. Kein Wunder, dass wir lieber das italienischen Wort verwenden, klingt doch die deutsche Übersetzung, als hätten wir es nicht mehr rechtzeitig aus dem Supermarkt nach Hause geschafft."

1 Kastenform mit Frischhaltefolie auslegen.

2 Cashewkerne mit Erythrit in den Mixer geben und zusammen mixen. Pflanzenmilch und Vanille zugeben und nochmal alles kurz mixen.

3 Die Masse in einem Topf kurz aufkochen, bis sie etwas eindickt.

4 Himbeeren pürieren und durch ein Sieb drücken, damit die Kerne hängen bleiben. Nun unter die Cashewmilch rühren und abkühlen lassen.

5 Die Kichererbsen absseien, dabei unbedingt das Abtropfwasser auffangen. Dieses wird für das Semifreddo-Rezept benötigt! Das Kichererbsenwasser mit dem Backpulver mischen und wie Eischnee aufschlagen. Vorsichtig unter die erkaltete Himbeermasse heben.

6 Die Himbeermasse in die vorbereitete Kastenform füllen und über Nacht in den Gefrierschrank stellen.

7 100 g Schokolade schmelzen und kurz vor dem Verzehr, das Semifreddo damit und mit ein paar frischen Himbeeren verzieren.

Tipp

Mit den übriggebliebenen Kichererbsen kannst du einen tollen Snack zaubern. Schau einfach auf meinem Instagram-Account, in meinen Food-Friday-Reels.

Für 4 Personen

Überschrift

140 g Cashewkerne
120 g Erythrit
400 ml Pflanzenmilch (Kokos)
½ TL Vanille gemahlen
500 g Himbeeren
80 g vegane zuckerfreie Schokodrops
Wasser von 1 Glas Kichererbsen
2 EL Erythrit
½ TL Backpulver
1 Schuss Schnaps

Kastenform 20 x 5 x 7

Das **Kichererbsenwasser** aus Glas oder Dose ist das Kochwasser, in dem die Kichererbsen gegart wurden. Dieses „Wunderwasser" kann zu einer Art Eischnee aufgeschlagen und für Mousse, Macarons u. v. m. verwendet werden.

Falls du selber einmal Kichererbsen kochen möchtest: Die rohen Hülsenfrüchte müssen vor dem Kochen eingeweicht werden. Dieses Wasser solltest du nicht weiterverwenden. Es enthält ungesunde Substanzen.

Marzipan-Johannisbeer-Kuchen
mit Streusel

„Dies ist mein absoluter Lieblingskuchen! Er ist saftig und ein tolles Mitbringsel."

1 Den Ofen auf **180 °C Ober-/Unterhitze** vorheizen.

2 Alle Zutaten für die Streusel verrühren und im Kühlschrank in der Zwischenzeit aufbewahren.

3 Das Marzipan evtl. nochmal in einem Mixer zerkleinern.

4 Alle Zutaten für den Teig mit dem Marzipan vermengen und auf einem mit Backpapier ausgelegtem Backblech verteilen.

5 Die Johannisbeeren auf den Teig drücken und darüber die Streusel geben.

6 Nun **35 - 40 Minuten** backen. Nicht zu braun werden lassen, sonst wird der Kuchen zu trocken!

Tipp

Du kannst statt der Johannisbeeren auch andere Beeren oder Früchte verwenden.

Streusel

100 g Mandeln gemahlen
140 g Butter vegan
140 g Erythrit
160 g Dinkelmehl
½ TL Vanille gemahlen

Teig

250 g Marzipan (siehe Seite 41)
200 g vegane Butter
180 g Erythrit
60 g Xylit
400 g Dinkelmehl
1 TL gemahlene Vanille
5 Eier
600 g Johannisbeeren
1 Pck. Backpulver

Hista-Snack

1 Alle Zutaten für den Boden in einen Hochleistungsmixer geben und für mindestens 1 Minute auf höchster Stufe mixen.

2 Den Teig nun in eine kleine Form geben und mit den Händen festdrücken.

3 Für die Karamellsoße ebenfalls alle Zutaten im Mixer pürieren.

4 Soße nun auf dem Boden der Form verstreichen und darauf gleichmäßig die Heidelbeeren verteilen.

5 Für 15 Minuten in das Gefrierfach stellen.

6 In der Zwischenzeit die Kakaobutter schmelzen, mit Pudererythrit und Kokosmus vermengen.

7 Die Glasur auf der erkalteten Masse verteilen und ebenfalls trocknen lassen.

8 Den Snack aus der Form lösen und in kleine Riegel schneiden.

Tipp

Am besten verwendest du eine Silikonform! Nach dem Erkalten kannst du den Snack so leichter aus der Form lösen.

Boden
200 g Datteln
90 g Leinsamen
30 g Carobpulver
40 g Kokosmehl

Karamellsoße
150 g Datteln
100 g Wasser
½ TL Vanille

Schokoglasur
50 g Kakaobutter
60 g Tapiokasirup)
40 g Kokosmus

100 g Wildheidelbeeren

Carobpulver ist die gemahlene Frucht des Johannisbrotbaumes. Sein Geschmack erinnert an Kakao, ist jedoch fett-, kalorien- und histaminarm und ohne Koffein, im Gegensatz zu Kakao.

Wildheidelbeeren wachsen in den heimischen Wäldern und enthalten viel mehr Anthocyan (starkes Antioxidans, das die Zunge blau färbt), als die Kulturheidelbeeren. Darüber hinaus sind Wildheidelbeeren viel aromatischer.

Veganes Vanilleeis

1. Cashewkerne mit der Pflanzenmilch im Hochleistungsmixer für 1 Minute auf höchster Stufe mixen.
2. Alle restlichen Zutaten zufügen und nochmal kurz mixen.
3. Die cremige Masse in die Eismaschine geben und nach Anleitung zu Eis verarbeiten.
4. Sofort servieren.

Tipp

Wenn du keine Eismaschine hast, dann gib die Masse in eine flache Form und in das Gefrierfach. Mische aber alle 30 Minuten durch, damit es cremig bleibt. Vorgang so lange wiederholen, bis das Eis fast durchgefroren ist. Sofort servieren.

Für 2-3 Personen

200 g Cashewkerne
400 g Pflanzenmilch
170 g Pudererythrit
1,5 TL Vanille gemahlen
1 TL Xanthan Gum
1 Prise Meersalz

Xanthan Gum ist ein hervorragendes Binde- und Verdickungsmittel, das sowohl in kalter als auch in heißer Flüssigkeit eingerührt werden kann. Es ist glutenfrei und kann als löslicher Ballaststoff wirken, daher solltest du Xanthan in Maßen verwenden.

Schoko-Birnen-Gugelhupf

„Dieser Kuchen ist unglaublich saftig und kann auch mit verschiedenen Früchten zubereitet werden."

1 Backofen auf **170 °C Ober-/Unterhitze** vorheizen.

2 Birnen schälen und in kleine mundgerechte Würfel schneiden.

3 Butter, Erythrit, Xylit und Eier schaumig rühren.

4 Vanille, Dinkelmehl, Pflanzenmilch, Backpulver und Kakao ebenfalls in zur schaumigen Masse geben und kurz vermengen.

5 Die Schokolade mit einem Messer klein hacken und unter den Teig mischen.

6 Nun zum Schluss noch die Birnen unterheben und den Teig in einer gefetteten Gugelhupfform verteilen.

7 **60 - 70 Minuten** backen. Stäbchenprobe machen.

Tipp

In der Weihnachtszeit kannst du den Kuchen mit 1 TL Zimt und Spekulatiusgewürz weihnachtlich zubereiten.

250 g vegane Butter
150 g Erythrit
70 g Xylit
½ TL gemahlene Vanille
4 Eier
400 g Dinkelmehl 630 (oder glutenfreie Mehlmischung)
250 ml Pflanzenmilch
3 EL Kakao
1 Pck. Backpulver
100 g vegane zuckerfreie Schokolade
4 Birnen

Guglhupfform ⌀ 22 cm

Apfel-Zimt-Ringe

1 Alle Zutaten für den Teig verrühren.

2 Äpfel schälen und mit einem Apfelausstecher das Kerngehäuse ausstechen und den Apfel in ca. 1 cm dicke Scheiben schneiden.

3 Erythrit mit Zimt in einer flachen Schüssel mischen.

4 Eine Pfanne ca. 1cm bedecken mit Öl und erhitzen.

5 Apfelringe in den Teig tauchen und in der Pfanne goldgelb von beiden Seiten ausbacken.

6 Auf einen Teller mit Küchenrolle kurz abtropfen lassen.

7 Die noch heißen Apfelringe in der Zimt-Zucker-Mischung wälzen und sofort servieren.

Tipp

Du kannst die Apfelringe sehr gut mit dem Vanilleeis von Seite 161 servieren.

Für 2-3 Personen

Teig

200 g Dinkelmehl (oder glutenfreie Mischung)

200 ml Pflanzenmilch

1 Ei

1 Prise Salz

Apfelringe

2 Äpfel groß und eher mürb

100 g Erythrit

1 TL Zimt

Öl zum Ausbacken

Joghurt-Erdbeer-Riegel

„Dieser Joghurt-Erdbeer-Riegel schmeckt nicht nur lecker, er ist auch kalorienreduziert und schnell zubereitet.“

150 g zuckerfreie vegane Schokolade

2 TL desodoriertes Kokosöl

40 g Kakaobutter

40 g Pudererythrit

150 g Kokosjoghurt

25 g gefriergetrocknete Erdbeeren

1. Form in den Gefrierschrank für ein paar Minuten geben. Form im Gefrierschrank kurz vorkühlen.
2. Schokolade mit Kokosöl schmelzen.
3. Die gekühlte Form mit einer dünnen Schicht der geschmolzenen Schokolade auskleiden, dabei die Ränder nicht vergessen. Überschüssige Schokolade ggf. abtropfen lassen. Form in den Kühlschrank stellen, damit die Schokoladenschicht fest werden kann.
4. Kakaobutter schmelzen, Joghurt, Erythrit und Erdbeeren zugeben. Alles vermengen und in die Form über der festen Schokolade in einer ca. 1 cm Schicht verteilen.
5. Mit der restlichen Schokolade überziehen und nochmal für mindestens 3 Stunden im Kühlschrank stehen lassen.
6. In beliebige Stücke schneiden und genießen!

Weiße Schokolade

„Diese weiße Schokolade ist super schnell zubereitet und ist zudem vegan und glutenfrei.“

50g Kakaobutter
60g Pudererythrit
40g Kokosmus

1 Kakaobutter vorsichtig schmelzen.

2 Geschmolzene Kakaobutter mit Pudererythrit und Kokosmus vermengen.

3 In eine Schokoladenform geben und im Kühlschrank für 2 Stunden kühlen.

4 Die Schokolade lagerst du am besten luftdicht verpackt an einem kühlen Ort.

Tipp

Diese Schokolade kannst du schmelzen, und Früchte oder Kuchen damit toppen.

Stichwortverzeichnis

H

J

K

L

M

V

W

X

Z